2024年度版

金融業務 **3** 級

税務コース

試験問題集

一般社団法人 金融財政事情研究会

◇ はじめに ◇

　本書は、金融業務能力検定「金融業務3級　税務コース」の受験者の学習の利便を図るためにまとめた試験対策問題集です。

　本書は全5章からなり、各問題を通じて、基礎知識から実務応用力まで幅広く学習することができるよう配慮しました。

　金融機関の行職員にとって、税務知識の習得は業務上も欠かすことができないものとなっています。経済取引に税金はつきものですが、税制改正、金融制度改革の進展、資産運用、不動産取引、相続・贈与などに関する知識が必要となるケースも増えており、複雑な事例も多々見受けられます。こうした顧客ニーズに対応するためには、断片的な知識ではなく、体系的な税務知識が必要不可欠となります。

　そこで、本書は、単なる用語解説的な出題は極力避け、日常業務を遂行するうえで必要なテーマに関する設問を豊富に掲載しています。一部では若干難易度の高い設問もありますが、ぜひともチャレンジして税務知識を活用できる力を身に付けてほしいものです。

　本書を有効に活用して、金融業務能力検定「金融業務3級　税務コース」に合格され、信頼される金融機関行職員として活躍されることを期待しています。

2024年6月

一般社団法人　金融財政事情研究会

検定センター

◇◇目　次◇◇

第2章 個人の所得と税金Ⅱ

第3章　不動産と税金

第4章　相続・贈与と税金

第5章　法人税等

─── 〈**法令基準日について**〉 ───

　本書は，問題文に特に指示のない限り，2024年7月1日（基準日）現在
施行の法令等に基づいて編集しています。（注）

◇**CBTとは**◇

　CBT（Computer-Based Testing）とは、コンピュータを使用して実施
する試験の総称で、パソコンに表示された試験問題にマウスやキーボード
を使って解答します。金融業務能力検定は、一般社団法人金融財政事情研
究会が、株式会社シー・ビー・ティ・ソリューションズの試験システムを
利用して実施する試験です。CBTは、受験日時・テストセンター（受験
会場）を受験者自らが指定できるとともに、試験終了後、その場で試験結
果（合否）を知ることができるなどの特長があります。

　本書に訂正等がある場合には，下記ウェブサイトに掲載いたします。
　https://www.kinzai.jp/seigo/

（注）令和6年度税制改正に伴い、令和6年分所得税について定額による所得税
　　　額の特別控除（定額減税）が実施されますが、本問題集では定額減税につ
　　　いては考慮しないものとします。

金融業務３級　税務コース試験概要

　窓口・渉外活動において求められる各種税務に関する基礎知識、計算等の基礎知識を検証します。

■受験日・受験予約　　通年実施。受験者ご自身が予約した日時・テストセンター（https://cbt-s.com/examinee/testcenter/）で受験していただきます。

受験予約は受験希望日の３日前まで可能ですが、テストセンターにより予約可能な状況は異なります。

■試験の対象者　　若手行職員　※受験資格は特にありません

■試験の範囲　　１．個人の所得と税金Ⅰ（所得金額、所得控除等）

２．個人の所得と税金Ⅱ（税額控除、金融商品と税金）

３．不動産と税金　４．相続・贈与と税金　５．法人税等

■試験時間　　100分　試験開始前に操作方法等の案内があります。

■出題形式　　四答択一式50問

■合格基準　　100点満点で60点以上

■受験手数料（税込）　5,500円

■法令基準日　　問題文に特に指示のない限り、2024年７月１日現在で施行されている法令等に基づくものとします。

■合格発表　　試験終了後、その場で合否に係るスコアレポートが手交されます。合格者は、試験日の翌日以降、合格証をマイページから PDF 形式で出力できます。

■持込み品　　携帯電話、筆記用具、計算機、参考書および六法等を含め、自席（パソコンブース）への私物の持込みは認められていません。テストセンターに設置されている鍵付きのロッカー等に保管していただきます。メモ用紙・筆記用具はテストセンターで貸し出されます。計算問題については、試験画面上に表示される電卓を利用することができます。

■受験教材等　　・本書

・通信教育講座「３カ月マスター税務コース」

■受験申込の変更・キャンセル　　受験申込の変更・キャンセルは、受験日の３日前までマイページより行うことができます。受験日の２日前からは、受験申込の変更・キャンセルはいっさいできません。

■受験可能期間　　受験可能期間は、受験申込日の3日後から当初受験申込日の1年後までとなります。受験可能期間中に受験（またはキャンセル）しないと、欠席となります。

※金融業務能力検定・サステナビリティ検定の最新情報は、一般社団法人金融財政事情研究会のWebサイト（https://www.kinzai.or.jp/kentei/news-kentei）でご確認ください。

第1章

個人の所得と税金 I

1－1　所得税の納税義務者

《問》所得税の納税義務者に関する次の記述のうち、最も不適切なものは
どれか。
1）非居住者は、日本国内に源泉のある所得について、所得税の納税義
務がある。
2）非永住者以外の居住者とは、日本国内に住所がある個人または現在
まで引き続いて1年以上居所がある個人のうち、非永住者以外の者
をいう。
3）非永住者とは、居住者のうち、日本国籍がなく、かつ、過去10年以
内において、日本国内に住所または居所を有していた期間の合計が
5年以下である個人をいう。
4）預金利子や配当等の源泉徴収の対象となる所得については、法人が
所得税の納税義務者となることはない。

●解説と解答●

　所得税は、原則として、個人に対して課税されるが、預金利子や配当等の源
泉徴収の対象となる所得については、法人も納税義務者となる。また、個人の
納税義務者は、①非永住者以外の居住者、②居住者のうち非永住者、③非居住
者（居住者以外の個人）に分類される。居住者とは、日本国内に住所がある個
人、または現在まで引き続いて1年以上居所がある個人をいう。
1）適切である。
2）適切である。非永住者以外の居住者は、すべての所得（日本国内および外
国で生じた所得）について所得税の納税義務がある。
3）適切である。非永住者は、国内源泉所得と国外源泉所得で日本で支払われ
たものまたは国外から送金されたものについて、所得税の納税義務があ
る。
4）不適切である。預金利子や配当等、報酬および料金等の源泉徴収の対象と
なる所得については、法人も所得税の納税義務者となる。法人には、内国
法人と外国法人がある。なお、法人でない社団または財団で代表者または
管理人の定めがあるものは、法人とみなされる。

<u>正解　4）</u>

1－2　課税方式⑴

《問》次の所得のうち、申告分離課税の対象となるものはどれか。
1）給与所得
2）不動産所得
3）非上場会社から収受した配当所得
4）退職所得

● 解説と解答 ●

　所得税は総合課税を原則とするが、担税力への配慮や政策上の理由により、一定の所得に対しては総合課税の対象となる所得から分離して、個々に税率を適用して課税することになっている。このような課税方法を分離課税といい、確定申告を必要とするか否かによって申告分離課税と源泉分離課税の2つに分類される。

1）対象とならない。総合課税の対象となる。
2）対象とならない。総合課税の対象となる。
3）対象とならない。一定の大株主以外の者が受ける上場株式等に係る配当所得については申告分離課税を選択することができるが、非上場株式については、申告分離課税を選択できない。
4）対象となる。退職金は、勤務先にて所定の手続をしていれば、源泉徴収で課税関係が終了するため、原則として確定申告をする必要はない。

正解　4）

1－3　課税方式⑵

《問》次のうち、所得税において総合課税の対象となるものはどれか。
1）金地金を譲渡したことによる譲渡所得
2）上場株式を譲渡したことによる譲渡所得
3）土地を譲渡したことによる譲渡所得
4）建物を譲渡したことによる譲渡所得

・解説と解答・

原則として、以下の所得が総合課税の対象となる。

① 利子所得（源泉分離課税とされるものおよび2016年１月１日以後に支払を受けるべき特定公社債等の利子等を除く）

② 配当所得（源泉分離課税とされるもの、確定申告をしないことを選択したものおよび、2009年１月１日以後に支払を受けるべき上場株式等の配当について、申告分離課税を選択したものを除く）

③ 不動産所得

④ 事業所得（株式等の譲渡による事業所得を除く）

⑤ 給与所得

⑥ 譲渡所得（土地・建物等および株式等の譲渡による譲渡所得を除く）

⑦ 一時所得（源泉分離課税とされるものを除く）

⑧ 雑所得（株式等の譲渡による雑所得、源泉分離課税とされるものを除く）

したがって、１）は⑥に当てはまり、総合課税の対象となる。

<u>正解　１）</u>

（資料）所得税計算の仕組み（イメージ）

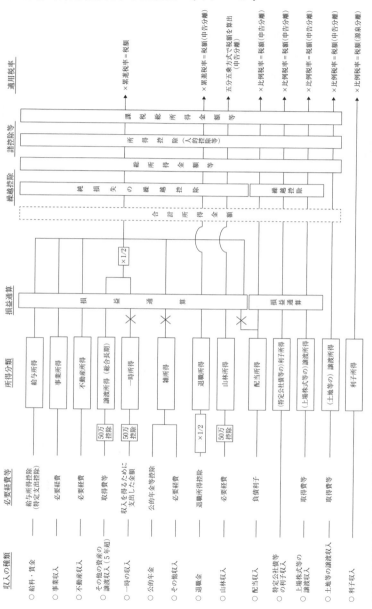

（出典）財務省ホームページ「所得税計算の仕組み（イメージ）」（https://www.mof.go.jp/tax_policy/summary/income/b01.htm#a02）

1-4　非課税所得

《問》次のうち、所得税の非課税所得に該当するものはどれか。
　1）法人から贈与により取得する金品
　2）給与所得者が勤務先から受け取る一定の「住宅手当」としての金銭
　3）心身に加えられた損害に対する損害賠償金等
　4）国民年金から受け取る老齢基礎年金

解説と解答

　政策上または課税技術上の観点から所得税の課税対象とされない所得があり、これを非課税所得という。

　非課税所得は、所得税法や租税特別措置法だけでなく、その他の法令によって定められているものもある。

1）該当しない。一時所得または給与所得に該当する。なお、個人から贈与により取得する場合には、贈与税の課税対象とされるため、所得税の非課税所得となる。

2）該当しない。住宅手当や家族手当などは、給与所得に該当する。なお、勤務先から社宅の提供を受ける場合の経済的利益については、一定の非課税の制度が設けられている。

3）該当する。交通事故などのために、被害者が治療費、慰謝料、損害賠償金などを受け取ったときは、これらの損害賠償金等は非課税である。また、健康保険組合の傷病手当金や雇用保険の育児休業給付金は、非課税所得である。

4）該当しない。公的年金等のうち、老齢年金に該当するもの（老齢基礎年金、老齢厚生年金など）は、雑所得に該当する。なお、障害年金や遺族年金は非課税所得である。

<u>正解　3）</u>

1－5　所得の分類

《問》所得税法における所得の分類に関する次の記述のうち、最も不適切なものはどれか。
1 ）国民年金、厚生年金保険などの老齢年金に係る所得は、一時所得である。
2 ）書画、骨とうなどの売却による所得は、譲渡所得である。
3 ）著述家や作家以外の人が受ける原稿料や講演料は、雑所得である。
4 ）クイズの賞金は、一時所得である。

・解説と解答・

　所得税法は、その課税標準を算出するにあたって、所得を利子所得、配当所得、不動産所得、事業所得、給与所得、退職所得、山林所得、譲渡所得、一時所得および雑所得に区分し、それぞれについて計算方法を定めている。
　所得区分がなされている理由には、次のようなものがある。
①　所得を区分してそれぞれの所得に適合した計算方法を規定する方が合理的であること。
②　所得税は累進税率をとっていることから、毎年発生する所得と臨時的に発生する所得との負担の調整を図る必要があること。
③　源泉徴収、特別控除など所得の種類に応じた措置を規定する必要があること。
1 ）不適切である。老齢年金に係る所得は、雑所得となる。
2 ）適切である。ただし、 1 個または 1 組の価格が30万円以下のものの譲渡は、生活用動産の譲渡として非課税となる。
3 ）適切である。
4 ）適切である。一時所得は、原則として臨時、偶発的なもので、対価性のないものによる所得である。

正解　1 ）

1－6　損益通算

《問》個人所有の土地・建物等の譲渡損失に関する次の記述のうち、最も不適切なものはどれか。

1）土地・建物等（一定の居住用以外のもの）の譲渡損失とゴルフ会員権の譲渡益は、内部通算することができない。

2）土地・建物等の譲渡損失と株式等の譲渡益は、いずれの所得も申告分離課税扱いであるが、損益通算することができない。

3）土地・建物等の譲渡損失と土地・建物等の譲渡益とは、所有期間にかかわらず内部通算することができる。

4）土地・建物等（一定の居住用以外のもの）の譲渡損失と一時所得とは、一時所得グループとして損益通算することができる。

・解説と解答・

1）適切である。土地・建物等の譲渡損失は、原則として、他の土地・建物等の譲渡益とは通算できるが、それ以外の所得との通算はできない。

2）適切である。株式等も株式等以外の所得との通算はできない。なお、上場株式等の譲渡損と申告分離課税を選択した上場株式等の配当所得については通算が可能である。

3）適切である。

4）不適切である。一時所得グループ内として損益通算できるのは総合課税扱いの譲渡所得である。

正解　4）

1 – 7　総所得金額の計算(1)

《問》Aさんの2024年中の所得と譲渡損失が、次の〈資料〉のとおりであった場合、総合課税の対象となる総所得金額として、次のうち最も適切なものはどれか。

〈資料〉

・事業所得の金額	1,000万円
・一時所得の金額	100万円
・株式の譲渡損失	100万円
・ゴルフ会員権の譲渡損失	200万円

1）$1,000万円 + 100万円 - 100万円 = 1,000万円$

2）$1,000万円 + \left(100万円 \times \dfrac{1}{2}\right) = 1,050万円$

3）$1,000万円 + \left(100万円 \times \dfrac{1}{2} - 200万円\right) = 850万円$

4）$1,000万円 + \left(100万円 \times \dfrac{1}{2} - 200万円\right) - 100万円 = 750万円$

● 解説と解答 ●

　総所得金額は、利子所得、配当所得、不動産所得、事業所得、給与所得、総合課税の短期譲渡所得および雑所得（損益通算後）の合計額に総合課税の長期譲渡所得および一時所得の合計額（損益通算後）$\times \dfrac{1}{2}$を加えたものである。

以上から、総合課税の対象となる総所得金額の計算式は、

　　$1,000万円 + \left(100万円 \times \dfrac{1}{2}\right) = 1,050万円$　　となる。

　なお、2014年4月1日以後に生じたゴルフ会員権の譲渡損失は、損益通算できない。

正解　2）

1－8　総所得金額の計算(2)

《問》 Aさんの2024年分の各種所得の金額は、次の〈資料〉のとおりである。損益通算後の総所得金額として、次のうち最も適切なものはどれか。なお、金額に付されている△は損失を意味する。

〈資料〉

・給与所得の金額：　　600万円
・雑所得の金額：　　△30万円
・退職所得の金額：　　100万円
・不動産所得の金額：△40万円（土地等の取得に係る負債利子の金額はない）

1）530万円
2）560万円
3）570万円
4）660万円

・解説と解答・

　不動産所得の金額、事業所得の金額、山林所得の金額または譲渡所得の金額の計算上生じた損失の金額がある場合には、原則として、一定の順序により他の種類の所得の金額と損益通算することができる。

　損益通算においては、その対象となる所得が上記の4種類に限られていることや、これらの所得に該当しても損益通算の対象とならないものがあるため確認が必要である。

　　600万円（給与所得）－40万円（不動産所得）＝560万円

・退職所得の金額は、総所得金額に算入されない（申告分離課税の対象。ただし、「総所得金額等」には含まれる）。

・雑所得の金額の計算上生じた損失の額は、損益通算の対象とならない。

・不動産所得の計算上生じた損失の金額のうち、土地等を取得するための負債利子の額は損益通算の対象とならない（本問では該当する金額がないため、全額損益通算の対象となる）。

正解　2）

1－9　利子所得

《問》次のうち、利子所得に該当するものはどれか。
1）定期積金の給付補てん金
2）割引公社債の償還差益
3）公募公社債等運用投資信託の収益の分配
4）貸付金の利子

解説と解答

　利子所得とは、公社債および預貯金の利子ならびに合同運用信託および公社債投資信託および公募公社債等運用投資信託の収益の分配に係る所得をいう。
　したがって、3）が該当する。
　個人の利子所得は、原則として、その支払を受ける際、利子所得の金額に所得税15.315％・地方税5％の税率を乗じて算出した額が源泉徴収等され、これにより納税が完結する源泉分離課税の対象となり、確定申告をすることはできない。
　ただし、2016年1月1日以後に支払を受けるべき特定公社債等（国債、地方債、外国国債、公募公社債、上場公社債などの一定の公社債や公社債投資信託など）の利子等については、その支払を受ける際に所得税15.315％・地方税5％により源泉徴収等されるとともに、確定申告する際には申告分離課税の対象となるが、確定申告しないことも選択できる。
　また、特定公社債以外の公社債の利子のうち、2016年1月1日以後に支払を受けるべき同族会社が発行した社債の利子で、その同族会社の判定の基礎となる一定の株主およびその親族等が支払を受けるものは、総合課税の対象となる。
　そして、2021年4月1日以後に支払を受けるべき同族会社が発行した社債の利子で、その同族会社の判定の基礎となる株主である法人と特殊の関係のある個人（法人との間に発行済株式等の50％超の保有関係がある個人等）およびその親族等が支払を受けるものも総合課税の対象となる。

正解　3）

1−10　不動産所得

《問》次の収入のうち、不動産所得に係る総収入金額に算入しないものは
　　どれか。
1）新たに賃貸マンションを貸し付けたことにより収受した礼金
2）賃貸マンションの契約更新により収受した更新料
3）事務所用として貸し付けた建物について収受した保証金で、返還を
　　要するもの
4）月極駐車場を貸し付けたことにより収受した賃貸料

・解説と解答・

　不動産所得とは、不動産、不動産の上に存する権利、船舶または航空機の貸
付による所得をいう。貸付に伴う通常の地代・家賃、権利金、更新料、礼金、
共益費の名目で受け取る水道代や掃除代は、不動産所得の総収入金額に算入さ
れる。返還を要する保証金や敷金は総収入金額には含まれないが、返還を要し
ない部分は総収入金額となる。
　なお、食事を供する場合のアパート・下宿等の収入や自己の責任において他
人のものを保管する時間貸駐車場の収入などは、事業所得または雑所得とな
る。
1）算入する。
2）算入する。
3）算入しない。返還を要するものは、総収入金額に算入されない。
4）算入する。

正解　3）

1－11　不動産所得の計算

《問》白色申告者であるＡさんは、2024年中に下記のとおり不動産収入を得た。Ａさんの同年分の不動産所得の金額として最も適切なものは、次のうちどれか。

〈収入関係〉

・家賃収入　　400万円

・更新料収入　20万円

・礼金収入　　30万円

・敷金収入　　15万円（全額返還を要するもの）

・保証金収入　60万円（このうち、12万円は本年中に返還不要が確定している）

〈支出関係〉

・減価償却費　　　　120万円（税務上適正と認められるもの）

・その他の必要経費　140万円（税務上適正と認められるもの）

1）190万円

2）202万円

3）205万円

4）217万円

・解説と解答・

　不動産所得の金額は、総収入金額から必要経費を控除して算出する。この場合、総収入金額に算入する金額は、その年中に収入することが確定した家賃、地代、礼金、更新料、権利金などである。敷金や保証金は本来収入ではない（本来は全額返還するため）が、契約等により返還を要しないこととなった場合は、その返還不要部分は収入金額に計上する。

　（400万円＋20万円＋30万円＋12万円）－（120万円＋140万円）＝202万円

正解　2）

1－12　減価償却費

> 《問》不動産所得などの金額の計算上、必要経費に算入される減価償却費
> の計算に関する次の記述のうち、最も不適切なものはどれか。
> 1）電話加入権は、減価償却の対象とはならない。
> 2）建物および鉱業用有形固定資産以外の有形固定資産の法定償却方法
> は、所得税では定率法である。
> 3）年の中途で取得した減価償却資産については、年間の減価償却費を
> 月数按分した金額をその年の減価償却費とする。
> 4）2024年に取得した取得価額が30万円未満の減価償却資産（年間300
> 万円限度）は、青色申告者である中小企業者等の場合においては取
> 得価額の全額を必要経費とすることができる。

・解説と解答・

1）適切である。減価償却資産には、有形固定資産のほか無形固定資産、牛馬
等の生物が含まれる。ただし、減価しない資産、建設中の資産、たな卸資
産等は減価償却の対象とはならない。

2）不適切である。有形固定資産の償却方法には定額法と定率法とがある。償
却方法を選定して税務署長にあらかじめ届出をしていない場合の法定償却
方法は、所得税では定額法である。

3）、4）適切である。2003年4月1日から2026年3月31日までの間に、青色
申告者である中小企業者等が、取得価額30万円未満の減価償却資産を取得
した場合には、取得価額の全額を必要経費に算入することができる。な
お、取得価額の合計額は年間300万円に制限されている。

　また、使用可能期間が1年未満または取得価額が10万円未満のものは、
その業務に使用した年に取得価額の全額を必要経費に算入する。取得価額
が、10万円以上20万円未満の少額減価償却資産については、①個別に減価
償却する、②一括して3年間で均等償却する、③中小企業者の少額減価償
却資産の取得価額の必要経費算入の特例（本問の特例）により、全額を必
要経費に算入する、の3つの方法から選択することができる。

正解　2）

1-13　事業所得(1)

《問》青色申告者のＡさんは、個人で事業を行っている。2024年中の事業
収入は2,000万円であり、その事業に係る帳簿上の必要経費は以下
のとおりである。Ａさんの同年分の事業所得の金額（青色申告特別
控除前）として、次のうち最も適切なものはどれか。なお、Ａさん
にとって税務上できるだけ有利になるように経理処理するものとす
る。

〈売上原価および一般経費〉

売上原価および一般経費として帳簿に計上した金額は、1,500万円で
ある。そのなかには次のものが含まれる。

①　Ａさんの妻への家賃100万円

Ａさんが、Ａさんと生計を一にする妻が所有する店舗を賃借して営
業しているので、その家賃として支払ったもの。なお、妻はその店舗
の固定資産税として20万円を負担しているが、この分は上記1,500万
円には含まれていない。

②　Ａさんの弟への支払利子10万円

Ａさんが、Ａさんとは生計が別である弟から事業資金を借り入れて
いるので、その借入金に対する利子として支払ったもの。

1）2,000万円－1,500万円＝500万円

2）2,000万円－（1,500万円－10万円）＝510万円

3）2,000万円－（1,500万円－100万円＋20万円）＝580万円

4）2,000万円－（1,500万円－100万円－10万円）＝610万円

・解説と解答・

事業主と生計を一にする親族からの借入金の利子や店舗の賃借料等は必要経
費とならないが、その親族が負担した固定資産税等は事業主の必要経費とな
る。

したがって、生計を一にする妻に対する家賃100万円は必要経費とはならな
いが、妻の負担した固定資産税20万円、弟（生計は別）からの借入金の利子10
万円は必要経費となる。

よって、3）が正しい。

正解　3）

1－14　事業所得(2)

《問》所得税における事業所得の必要経費に関する次の記述のうち、最も
　　不適切なものはどれか。
1）家事上の経費は、原則として必要経費に算入できない。
2）事業所得者と生計を別にする親族に支払った給与や家賃の額は、必
　　要経費に算入できない。
3）事業所得者が納付した所得税・住民税は、必要経費に算入できな
　　い。
4）使用可能期間が1年未満または取得価額が10万円未満の減価償却資
　　産を取得した場合には、その業務の用に供した日の属する年におい
　　て、取得価額の全額を必要経費に算入する。

・解説と解答・

　事業所得は、事業所得に係る総収入金額から必要経費を差し引いて計算す
る。なお、家内労働者等の場合、必要経費として55万円まで認められる特例が
ある。
　必要経費には、売上原価や租税公課、地代家賃、減価償却費、貸倒損失など
があり、必要経費算入の適否、必要経費算入の時期などに留意が必要である。
1）適切である。家事上の経費や家事上の経費に関連する経費（家事関連費）
　　は、原則として必要経費に算入できない。
2）不適切である。生計を別にする親族に対して支払った給与や家賃、支払利
　　息等は、原則として必要経費に算入できる。
3）適切である。所得税、住民税（都道府県民税・市町村民税）、相続税、贈
　　与税、各種加算税および各種加算金、延滞税および延滞金、過怠税、罰金
　　および科料、過料、健康保険料、国民年金保険料などは、必要経費に算入
　　できる租税公課ではない。
4）適切である。少額減価償却資産については、その業務の用に供した日の属
　　する年において、取得価額の全額を必要経費に算入する。

正解　2）

1－15　棚卸資産の評価方法

> 《問》所得税の棚卸資産の法定評価方法は、次のうちどれか。
> 1）先入先出法
> 2）移動平均法
> 3）総平均法
> 4）最終仕入原価法

● 解説と解答 ●

　商品の売上原価、原材料の消費高等を計算するために、その年の12月31日において有する棚卸資産の評価額の計算上選定できる評価の方法は、原価法、低価法（青色申告者に限る）、特別な評価方法（税務署長の承認を受けた場合）とされている（所令99、99の2）。選定できる原価法には、個別法、先入先出法、総平均法、移動平均法、最終仕入原価法、売価還元法がある。

　先入先出法とは、棚卸資産の販売や消費が、取得の古いものから順に行われたものとし、期末棚卸資産は、取得の新しいものから順に成っているものとみなして評価額を計算する方法である。

　移動平均法とは、棚卸資産の受入時点での平均単価を随時計算し、払出し単価（売上原価）とする方法である。

　総平均法とは、計算期間の平均仕入単価をもって、売上原価、期末在庫の評価額とする方法である。

　最終仕入原価法とは、その年12月31日に最も近い日において取得した棚卸資産の単価を、期末棚卸資産の単価として評価額を計算する方法である。

　棚卸資産の評価方法は、商品や製品、仕掛品などの棚卸資産の区分ごとに選定し、税務署長へ届け出なければならない。この届出をしなかった場合は、法定評価方法の最終仕入原価法によるものとされる。

　したがって、4）が正しい。

正解　4）

1－16　譲渡所得(1)

《問》所得税の譲渡所得に関する次の記述のうち、最も不適切なものはど
れか。

1）譲渡所得とは、資産の譲渡による所得をいうが、棚卸資産の譲渡に
よる所得は、譲渡所得に含まれない。

2）土地・建物の譲渡所得を計算するにあたって、収入金額の５％相当
額を取得費とする５％概算取得費は、実際の取得費が判明している
場合には、適用することができない。

3）同一年に総合課税の長期譲渡所得と短期譲渡所得がある場合、特別
控除額（最高50万円）は短期譲渡所得の金額から先に控除する。

4）総合課税の長期譲渡所得の金額はその２分の１の金額が、総所得金
額の計算において、他の所得と合算される。

・解説と解答・

1）適切である。棚卸資産の譲渡による所得は、事業所得または雑所得とな
る。

2）不適切である。５％概算取得費は、実際の取得費が判明している場合にお
いても適用することができる。

3）適切である。総合課税の譲渡所得の金額は、短期・長期それぞれ「譲渡所
得の収入金額－（取得費＋譲渡費用）」により計算し、両者を合算したもの
が譲渡益となり、そこから特別控除額（最高50万円）を控除することがで
きる。

4）適切である。総合課税の譲渡所得の金額は、他の総合課税の所得（事業所
得や給与所得など）と合算して総所得金額を求め所得税を計算する。この
場合において短期総合譲渡所得の金額は全額、長期総合譲渡所得の金額は
２分の１が課税対象となる。

正解　2）

1 － 17　譲渡所得(2)

《問》Aさんは、2024年中に以下のとおり株式を譲渡した。この株式の譲渡に係る所得税・住民税の合計額として最も適切なものは、次のうちどれか。なお、手数料や復興特別所得税等は考慮しないものとする。

	取得日	譲渡価額	取得費
X株式（上場）	2012年 2 月	980万円	660万円
Y株式（非上場）	2016年 6 月	500万円	450万円

1 ）33万円
2 ）37万円
3 ）42万円
4 ）74万円

● 解説と解答 ●

上場株式等の譲渡：（980万円－660万円）×20％＝64万円
非上場株式等の譲渡：（500万円－450万円）×20％＝10万円
64万円＋10万円＝74万円

正解　 4 ）

　株式等の譲渡による事業所得の金額、譲渡所得の金額および雑所得の金額（以下「譲渡所得等の金額」という）は、「上場株式等に係る譲渡所得等の金額」と「一般株式等に係る譲渡所得等の金額」に区分し、他の所得の金額と区分して税金を計算する申告分離課税となる。「上場株式等に係る譲渡所得等の金額」と「一般株式等に係る譲渡所得等の金額」は、それぞれ別々の申告分離課税とされているため、上場株式等に係る譲渡損失の金額を一般株式等に係る譲渡所得等の金額から控除することはできない。また、一般株式等に係る譲渡損失の金額は、原則として上場株式等に係る譲渡所得等の金額から控除することはできない。
　税率は、所得税15％、住民税 5 ％である。2037年までは、復興特別所得税として各年分の基準所得税額に2.1％を乗じた額を所得税と併せて申告・納付する。ただし、NISA口座内の株式等から生じた配当、譲渡益等は、原則として非課税となる（上限あり）。

1-18 一時所得

> 《問》 Aさんは父の死亡により、2024年中に下記の生命保険金を取得した。この生命保険金について、他の所得と総合して課税される一時所得の金額として、次のうち最も適切なものはどれか。なお、配当金等はないものとする。
>
> | 被保険者 | 保険料負担者・保険金受取人 | 払込保険料 | 受取保険金 |
> |:---:|:---:|:---:|:---:|
> | 父 | A | 200万円 | 1,000万円 |
>
> 1) 0 (相続税の課税対象となる)
>
> 2) $(1,000万円 - 200万円 - 50万円) \times \dfrac{1}{2} = 375万円$
>
> 3) $(1,000万円 - 200万円) \times \dfrac{1}{2} = 400万円$
>
> 4) $1,000万円 - 200万円 = 800万円$

● 解説と解答 ●

　一時所得の例として、懸賞、クイズの賞金、賞品、競馬、競輪の払戻金（営利を目的とする継続的行為から生じたものを除く）、生命保険の満期保険金、損害保険の満期返戻金、法人からの贈与により取得する金品、借家の立退料（借家権の譲渡を除く）、拾得物の報労金、生命保険、傷害保険の自己以外の者の死亡による保険金で自己が保険料を負担していたものなどが挙げられる。一時所得の金額は、その年中の一時所得に係る総収入金額からその収入を得るために支出した金額の合計額を控除し、その残額からさらに一時所得の特別控除額（最高50万円）を控除した金額である。一時所得は、一般に臨時的に発生するものであるので、一時所得の金額の合計額の2分の1相当額を他の所得と総合し、課税することになっている。

1) 不適切である。保険料負担者が受取人となっている生命保険金は、所得税の一時所得として課税される。

2) 適切である。受取保険金から払込保険料と特別控除額（最高50万円）を控除した金額が一時所得となる。また、一時所得の金額の2分の1に相当する金額が他の所得と総合して課税される。

3）不適切である。特別控除額を控除していない。

4）不適切である。特別控除額を控除しておらず、2分の1もしていない。

<u>正解　2）</u>

1-19 退職所得

《問》 Aさんは、長年勤務していた会社を退職し、以下のとおり退職金を
受け取ることになった。この退職金に対して源泉徴収される所得税
額の計算として、次のうち最も適切なものはどれか。なお、Aさん
は障害者になったことに直接起因して退職したものではないものと
する。また、復興特別所得税は考慮しないこと。

① 退職金支給金額（源泉税控除前）1,500万円
② 勤続年数22年2カ月
なお、「退職所得の受給に関する申告書」を提出するものとする。

1） $\{1{,}500万円 - (40万円 \times 23年)\} \times \frac{1}{2} \times 10\% = 29万円$

2） $[1{,}500万円 - \{800万円 + 70万円 \times (23年 - 20年)\}] \times \frac{1}{2} \times 10\%$
$- 9.75万円 = 14.75万円$

3） $[1{,}500万円 - \{800万円 + 70万円 \times (23年 - 20年)\}] \times 20\% = 98万円$

4） $1{,}500万円 \times 20\% = 300万円$

・解説と解答・

　退職所得は他の所得と分離して課税され、次の算式により計算する。

$$退職所得の金額 = (退職金の額 - 退職所得控除額) \times \frac{1}{2}$$

　なお、退職手当等が特定役員退職手当等である場合、退職所得の金額は、退
職手当等の収入金額から退職所得控除額を控除した残額に相当する金額であ
る。特定役員退職手当等とは、法人税法2条15号に規定する役員、国会議員お
よび地方公共団体の議会の議員、国家公務員および地方公務員で、役員等勤続
年数5年以下の者が退職手当等として支払を受けるものをいう。

　また、勤続年数5年以下の者が支払を受ける退職手当等（特定役員退職手当
等に該当するものを除く）につき、収入金額から退職所得控除額を控除した残
額のうち300万円を超える部分の金額については、2分の1を乗じて計算でき
ない。

　退職所得控除額は、勤続年数に応じて次のように計算する。

勤続年数20年以下	40万円×勤続年数（最低80万円）

勤続年数20年超	800万円＋70万円×（勤続年数－20年）

（注1）勤続年数の1年未満の端数は切上げ

（注2）障害者になったことに直接起因して退職した場合は、上記金額に
　　　　100万円を加算

　退職所得については、その支給時に源泉徴収される。源泉徴収税額は「退職
所得の受給に関する申告書」を提出しているときは、上記退職所得の金額に対
して所得税の税率（総合課税の税率）を乗じて計算する。この申告書を提出し
ていないときは、退職金の収入金額に対して20％の税率を乗じて計算する。

　したがって、2）が正しい。

正解　2）

1－20　雑所得

《問》 Aさんは66歳で、2024年中の公的年金等による収入は以下のとおりである。Aさんの同年分の雑所得の金額は、次のうちどれか。なお、Aさんの公的年金等に係る雑所得以外の所得に係る合計所得金額は1,000万円以下である。

・老齢厚生年金　　　　　　　360万円
・生命保険契約に基づく年金　120万円（この契約に基づいてAさんが払い込んだ掛金の総額は780万円、年金の受給総額は1,200万円である。）

1）179.5万円
2）284.5万円
3）320.5万円
4）362.5万円

〈参考〉 公的年金等控除額（抜粋）※65歳以上の者に適用

| | | 公的年金等に係る雑所得以外の所得に係る合計所得金額 | | |
		1,000万円以下	1,000万円超 2,000万円以下	2,000万円超
公的年金等の収入金額	330万円以下	110万円	100万円	90万円
	330万円超 410万円以下	公的年金等の収入金額×25％＋27.5万円	公的年金等の収入金額×25％＋17.5万円	公的年金等の収入金額×25％＋7.5万円
	410万円超 770万円以下	公的年金等の収入金額×15％＋68.5万円	公的年金等の収入金額×15％＋58.5万円	公的年金等の収入金額×15％＋48.5万円
	770万円超 1,000万円以下	公的年金等の収入金額×5％＋145.5万円	公的年金等の収入金額×5％＋135.5万円	公的年金等の収入金額×5％＋125.5万円
	1,000万円超	195.5万円	185.5万円	175.5万円

・解説と解答・

① 公的年金等に係る雑所得
  360万円－（360万円×25％＋27.5万円）＝242.5万円
② 生命保険契約に基づく年金に係る雑所得

  $120万円－120万円×\dfrac{780万円}{1,200万円}＝42万円$

③ 雑所得　　①＋②＝284.5万円

正解　2）

1－21　地震保険料控除

《問》Cさんは、2024年分の損害保険料の支出として地震保険契約に係る保険料40,000円と、2006年以前に契約した長期損害保険契約等に係る保険料30,000円がある。この場合、同年分の所得税における地震保険料控除の金額は、次のうちどれか。

1）40,000円
2）50,000円
3）55,000円
4）70,000円

解説と解答

　地震保険料控除は、居住者本人や居住者と生計を一にする親族等の有する家屋で、常時その住居の用に供するもの、またはこれらの者が有する生活に通常必要な資産を保険目的とする地震保険契約等の保険料等を支払った場合、所得税では支払保険料の全額（最高5万円）を所得金額から控除できるというものである。なお、損害保険料控除は2006年をもって廃止されたが、経過措置として、2006年12月31日までに締結した長期損害保険契約（満期保険金等のあるもので保険期間等が10年以上、2007年1月1日以後にその保険契約等の変更をしないもの）については、その後も従来の損害保険料控除の適用を受けられる（最高1万5,000円）。ただし地震保険料と合わせて5万円が限度となる。

区分	年間の支払保険料の合計	控除額
(1)地震保険料	50,000円以下	支払金額の全額
	50,000円超	一律50,000円
(2)旧長期損害保険料	10,000円以下	支払金額の全額
	10,000円超 20,000円以下	支払金額 $\times \dfrac{1}{2} + 5,000$円
	20,000円超	15,000円
(1)・(2)両方がある場合	—	(1)、(2)それぞれの方法で計算した金額の合計額（最高50,000円）

正解　2）

1－22　扶養控除

《問》Aさん（50歳）は3人の子を扶養している。2024年分の所得税における扶養控除の金額として、次のうち最も適切なものはどれか。

Aさんの2024年末の扶養親族等の状況は、以下のとおりである。
・長男（大学生21歳）…アルバイトによる収入金額50万円
・長女（高校生17歳）…収入なし
・二女（中学生14歳）…収入なし

1 ）38万円＋38万円＝76万円
2 ）63万円＋38万円＝101万円
3 ）63万円＋38万円＋38万円＝139万円
4 ）63万円＋63万円＋38万円＝164万円

・解説と解答・

　本ケースの場合、長男は21歳で、アルバイト収入の金額が103万円以下なので特定扶養親族（控除額63万円）、長女は17歳で、収入がないため一般の扶養控除（控除額38万円）となる。二女は16歳未満なので扶養控除の対象とならない。

　　63万円＋38万円＝101万円

〈扶養控除〉

		年齢要件	控除額（最高）	
			所得税	住民税
扶養控除（一般の控除対象扶養控除）		16歳以上18歳以下 または23歳以上69歳以下	38万円	33万円
扶養控除（特定扶養親族）		19歳以上23歳未満	63万円	45万円
扶養控除 （老人扶養親族）	同居老親等以外	70歳以上	48万円	38万円
	同居老親等	70歳以上	58万円	45万円

正解　2 ）

1－23　配偶者控除・配偶者特別控除

《問》所得税における配偶者控除および配偶者特別控除に関する次の記述のうち、最も適切なものはどれか。

1）控除対象配偶者とは、納税者と生計を一にし、年間の合計所得金額が48万円以下（パート収入のみの場合は103万円以下）の配偶者をいう。

2）配偶者控除の適用を受ける納税者は、同年中に配偶者特別控除の適用を受けることはできない。

3）配偶者控除は、納税者の合計所得金額が2,000万円以下である場合に限り認められる。

4）配偶者の合計所得金額が76万円以上である納税者は、配偶者特別控除の適用を受けることができない。

・解説と解答・

配偶者控除と配偶者特別控除は各々一定の要件を満たす配偶者を有する場合に適用できる所得控除であるが、両方を同じ年分に適用することはできない。

1）不適切である。控除対象配偶者とは、同一生計配偶者（納税者と生計を一にし、年間の合計所得金額が48万円以下の配偶者）のうち合計所得金額が1,000万円以下である居住者の配偶者をいう。

2）適切である。配偶者控除は配偶者の合計所得金額が48万円以下、配偶者特別控除は合計所得金額が48万円超133万円以下となっており、両方を同じ年に適用することはできない。

3）不適切である。配偶者控除は、納税者の合計所得金額が1,000万円以下である場合に限り認められる。

4）不適切である。配偶者の合計所得金額が133万円を超える納税者は、配偶者特別控除の適用を受けることができない。

正解　2）

1-24　所得控除額の計算

《問》給与所得者であるＡさんの収入は給与収入のみであり、2024年分の給与所得の金額は1,200万円であった。Ａさんと同居し生計を一にする親族の年齢、合計所得金額が以下のとおりである場合、Ａさんの所得税における配偶者控除、配偶者特別控除および扶養控除の合計額として最も適切なものはどれか。なお、障害者・特別障害者に該当する者はいない。

	年　齢	合計所得金額
配偶者	45歳	30万円
母　親	75歳	20万円
長　男	23歳	70万円
長　女	20歳	0円
二　男	17歳	0円

1）38万円＋58万円＋63万円＋38万円＝197万円
2）48万円＋63万円＋38万円＝149万円
3）58万円＋63万円＝121万円
4）58万円＋63万円＋38万円＝159万円

・解説と解答・

・Ａさんの合計所得金額が1,000万円超なので、配偶者控除の適用および配偶者特別控除の適用はない。
・母親の合計所得金額は48万円以下で、同居、70歳以上なので老人扶養親族のうちの同居老親等に該当し、扶養控除額は58万円。
・長男は合計所得金額が48万円超なので扶養控除の対象外。
・長女は19歳以上23歳未満で特定扶養親族に該当し、扶養控除額は63万円。
・二男は16歳以上19歳未満で一般の扶養親族に該当し、扶養控除額は38万円。
　したがって、Ａさんの配偶者控除、配偶者特別控除および扶養控除の合計額は、58万円＋63万円＋38万円＝159万円　である。

<u>正解　4）</u>

1－25　医療費控除⑴

《問》所得税の医療費控除に関する次の記述のうち、最も不適切なものは
　　　どれか。
　1）人間ドック等の健康診断により重大な疾病が発見され、かつ、引き
　　　続き治療を行った場合には、その健康診断の費用は医療費控除の対
　　　象となる。
　2）ホクロを除去するための手術などの美容整形の費用は、医療費控除
　　　の対象とならない。
　3）医療費控除の対象となる金額は、200万円を限度とし、その年に支
　　　払った医療費の合計額から保険金等で補てんされた金額を控除し、
　　　当該控除後の金額からその者の総所得金額等の合計額の5％と10万
　　　円のいずれか少ないほうの金額を控除して算出する。
　4）給与所得者の場合、年末調整で医療費控除を受けることができる。

・解説と解答・

1）適切である。健康診断のための費用（人間ドック）は医療費とはならない
　が、その健康診断により重大な疾病が発見され、かつ、引き続きその疾病
　の治療をした場合には、その健康診断の費用も医療費に該当する。
2）適切である。治療のための整形外科手術の費用は認められるが、美容整形
　の費用は認められない。
3）適切である。

その年中に支払った医療費の総額－保険金等で補てんされる金額－（①10万
円と②「総所得金額等」×5％のいずれか少ない方の金額）＝医療費控除額
（最高200万円）

4）不適切である。給与所得者が医療費控除を受けるには確定申告を要する。
　医療費控除（セルフメディケーション含む）を受ける場合には、領収書等
　の添付または提示に換えて医療費控除の明細書等を提出しなければならな
　い（所法120条、租税特別措置法41条の17）。

正解　4）

1－26　医療費控除(2)

《問》 Aさんの2024年中の医療費等の額は、次の〈資料〉のとおりである。Aさんの同年分の所得税における医療費控除額として、次のうち最も適切なものはどれか。なお、Aさんの同年の所得は、給与所得400万円のみである。また、保険金等で補てんされる額はないものとする。

〈資料〉

① 内科の治療費：15万円
② 人間ドック費用：4万円（異常は発見されなかった）
③ Aさんと生計を一にする妻の歯科の治療費：6万円

1）15万円＋4万円－10万円＝9万円
2）15万円＋6万円－10万円＝11万円
3）15万円＋6万円－20万円＝1万円
4）15万円＋4万円＋6万円－10万円＝15万円

解説と解答

医療費控除は、居住者本人または生計を一にする親族等（所得要件はない）に係る医療費を支払った場合に認められる所得控除である。

控除額（最高200万円）＝医療費の額－保険金等で補填される額－⑦と①のうち少ないほうの額（⑦総所得金額等の合計額×5％、①10万円）

① 治療費は医療費控除の対象となる。
② 人間ドック費用（異常がない場合）は医療費控除の対象とならない。
③ 生計を一にする親族である妻の治療費も対象となる。

15万円＋6万円－10万円（＊）＝11万円

＊400万円×5％＝20万円（⑦）＞10万円（①）　∴10万円

正解　2）

1 - 27　各種の所得控除

《問》所得税における所得控除に関する次の記述のうち、最も適切なもの
　　はどれか。
1 ）納税者（合計所得金額2,400万円以下の者）の基礎控除の金額は、
　　48万円である。
2 ）政治活動に関する寄附金は、所得控除である寄附金控除の対象であ
　　り、税額控除の対象にはならない。
3 ）給与所得者が、地方公共団体に対して寄附金を支払った場合には、
　　一定の要件を満たせば、年末調整により寄附金控除の適用を受ける
　　ことができる。
4 ）雑損控除は、納税者が有する一定の資産について、災害、盗難、詐
　　欺により損害を受けた場合に適用することができる。

・解説と解答・

1 ）適切である。

居住者の合計所得金額	控除額
2,400万円以下	480,000円
2,400万円超 2,450万円以下	320,000円
2,450万円超 2,500万円以下	160,000円
2,500万円超	（適用なし）

2 ）不適切である。政治活動に関する寄附金のうち一定のものについては、所
　　得控除である寄附金控除に代えて、税額控除（政党等寄附金特別控除）を
　　選択することができる。この他、NPO法人や公益社団法人等への寄付金
　　についても、税額控除の選択が可能である。
3 ）不適切である。所得税の計算において、寄附金控除の適用を受ける場合に
　　は、必ず確定申告を行わなければならない。
4 ）不適切である。雑損控除は、災害、盗難、横領により損害が生じた場合に
　　適用できる所得控除であり、詐欺による損害は対象とならない。

正解　1 ）

〈所得税の各種の所得控除〉

	控除額	留意点
障害者控除	障害者27万円、特別障害者40万円、同居特別障害者75万円	納税者自身、同一生計配偶者または扶養親族が所得税法上の障害者に当てはまる場合に受けられる。
寡婦控除	27万円	夫と離婚した後婚姻をしておらず、扶養親族がいる人で、合計所得金額が500万円以下の人などが該当する。ひとり親に該当する場合は除く。
ひとり親控除	35万円	原則としてその年の12月31日の現況で、婚姻をしていないことまたは配偶者の生死の明らかでない一定の人をいう。
勤労学生控除	27万円	合計所得金額が75万円以下で、勤労所得がありかつ勤労所得以外の所得が10万円以下であることを要する。
雑損控除	｛(損害金額＋災害等関連支出の金額－保険金等の額)－(総所得金額等)×10％｝と｛(災害関連支出の金額－保険金等の額)－5万円｝のうちいずれか多い方の金額	棚卸資産・事業用固定資産等または「生活に通常必要でない資産」に該当しないことを要する。盗難や横領は可。詐欺や恐喝は不可。
社会保険料控除	支払った全額	健康保険、国民年金、厚生年金保険の保険料などが対象となる。
小規模企業共済等掛金控除	支払った全額	小規模企業共済法の共済掛金、確定拠出年金の掛金などが対象となる。
寄附金控除	(「特定寄附金の合計額」と「総所得金額等の40％」のいずれか少ない方の金額)－2,000円	公益社団法人等に対する寄附金や政治活動に関する寄附金等のうち一定のものは、税額控除を選択できる。

第 2 章

個人の所得と税金 II

2-1　住宅借入金等特別控除(1)

《問》2024年6月に新築住宅を居住の用に供した場合における、「住宅借入金等を有する場合の所得税額の特別控除（住宅借入金等特別控除)」に関する次の記述のうち、最も不適切なものはどれか。
1）「居住用財産の買換え等の場合の譲渡損失の損益通算および繰越控除の特例」と住宅借入金等特別控除は、重複して適用を受けることができる。
2）控除対象となる借入金等は、原則として、一定の居住用家屋の取得に要したものであるが、その居住用家屋とともにその家屋の敷地である土地等の取得に係るものも含まれる。
3）住宅借入金等特別控除の対象となる住宅借入金等の年末残高に乗ずる控除率は、0.7%である。
4）対象となる家屋は、その床面積が30m²以上で、床面積の2分の1以上の部分が専ら自己の居住の用に供することが必要である。

・解説と解答・

1）適切である。
2）適切である。控除の適用対象範囲は建物のみでなく、その敷地である土地等（新築の日前2年以内で一定の要件のもとに取得したもの等）も含まれる。
3）適切である。
4）不適切である。床面積の要件は、50m²以上（合計所得金額が1,000万円以下の場合、床面積40m²以上50m²未満の住宅（特例居住用家屋）の取得等は、「特例特別特例取得」として、特別特例取得とみなして適用対象となる）である。

<u>正解　4）</u>

2－2　住宅借入金等特別控除⑵

《問》「住宅借入金等を有する場合の所得税額の特別控除」（以下、「本控除」という）に関する次の記述のうち、最も不適切なものはどれか。

1）給与所得者の場合、本控除は、年末調整で適用することができないため、控除期間にわたり、毎年確定申告をしなければならない。

2）本控除の適用を受けるためには、新築または取得の日から6カ月以内に居住の用に供し、適用を受ける各年の12月31日まで引き続き居住していなければならない。

3）居住者が居住用家屋を取得等した日から6カ月以内にその者の居住の用に供しない場合には、本控除の適用対象とならない。

4）本控除は、原則として、居住者の合計所得金額が2,000万円を超える年分については適用できない。

・解説と解答・

1）不適切である。原則として確定申告書により控除するが、給与所得者については、最初の年分について確定申告をすれば、その翌年分以降の年分（控除期間内に限られる）については年末調整により控除することができる（租税特別措置法41条の2の2）

2）適切である。

3）適切である。

4）適切である。

<u>正解　1）</u>

　共通の適用要件として、次のすべての要件を満たす必要がある。

1．住宅の新築等の日から6カ月以内に居住の用に供していること。

2．本控除を受ける年の12月31日まで引き続き居住の用に供していること。

（注）個人が死亡した日の属する年にあっては、同日まで引き続き住んでいること。

3．次の⑴または⑵のいずれかに該当すること。

　⑴　下記⑵以外の場合

　イ　住宅の床面積が50m²以上であり、かつ、床面積の2分の1以上を専ら自己の居住の用に供していること。

　ロ　本控除を受ける年分の合計所得金額が、2,000万円以下であること。
　(2)　特例居住用家屋または特例認定住宅等の場合
　イ　住宅の床面積が40m²以上50m²未満であり、かつ、床面積の2分の1
　　　以上を専ら自己の居住の用に供していること。
　ロ　本控除を受ける年分の合計所得金額が、1,000万円以下であること。
4．10年以上にわたり分割して返済する方法になっている新築または取得のた
　めの一定の借入金または債務（住宅とともに取得するその住宅の敷地の用に
　供される土地等の取得のための借入金等を含む）があること。
5．2以上の住宅を所有している場合には、主として居住の用に供すると認めら
　れる住宅であること。
6．居住年およびその前後2年の計5年間に次に掲げる譲渡所得の課税の特例
　の適用を受けていないこと。
　(1)　居住用財産を譲渡した場合の長期譲渡所得の課税の特例
　(2)　居住用財産の譲渡所得の特別控除
　(3)　特定の居住用財産の買換えの場合の長期譲渡所得の課税の特例
　(4)　財産を交換した場合の長期譲渡所得の課税の特例
　(5)　既存市街地等内にある土地等の中高層耐火建築物等の建設のための買
　　　換え及び交換の場合の譲渡所得の課税の特例
7．住宅の取得（その敷地の用に要する土地等の取得を含む）は、その取得時
　および取得後も引き続き生計を一にする親族や特別な関係のある者からの取
　得でないこと。
8．贈与による住宅の取得でないこと。

2－3　所得税の計算(1)

《問》　Aの2024年分の給与所得の金額は510万円であり、同年中に他の所得はない。Aの同年分の所得控除の合計額が150万円である場合の所得税額として、次のうち最も適切なものはどれか。なお、税額控除や記載以外の事項は考慮しないこととする。

〈参考〉所得税の速算表　（抜粋）

課税所得金額	税率	控除額
330万円超　　　　695万円以下	20%	42万7,500円

1）（510万円－150万円）×20％－42万7,500円＝29万2,500円
2）510万円×20％－42万7,500円＝59万2,500円
3）（510万円－150万円－42万7,500円）×20％＝63万4,500円
4）（510万円－150万円）×20％＝72万円

●解説と解答●

課税総所得金額＝510万円－150万円＝360万円
所得税額＝360万円×20％－42万7,500円＝29万2,500円

正解　1）

所得税額の計算過程の概略は、次のとおりである。

(1)　課税標準から所得控除した後の金額を課税所得金額という。課税所得金額は、①課税総所得金額、②課税山林所得金額、③課税退職所得金額に区分される。さらに、④租税特別措置法によって分離課税とされる課税所得金額がある。

(2)　これらの課税所得金額に、それぞれ、税率を乗じて税額（算出税額）を求める。

(3)　その算出税額から、税額控除を行って、その年分の所得税額（年税額）を求める。

(4)　確定申告により納付する税額は、その年税額から、さらに源泉徴収税額と予定納税額を控除した金額である。

(注)　国税の確定金額に100円未満の端数があるとき、または、その全額が100円未満であるときには、これを切り捨てる。

2－4 所得税の計算(2)

《問》 Cさんの2024年分の所得等に関する下記の〈資料〉に基づき、Cさんの確定申告における所得税の計算として正しいものは、次のうちどれか。所得税の速算表における所得税率は20%で、控除額は427,500円である。なお、復興特別所得税は考慮しない。

〈資料〉
① 給与所得の源泉徴収票より抜粋
　　支払金額　　　　　　　　8,720,000円
　　給与所得控除後の金額　　6,770,000円
　　所得控除の額の合計額　　1,446,000円
② 同年に新規にて購入（入居）した自宅（省エネ基準適合住宅である）に係る住宅ローンの年末残高　　24,000,000円
　　住宅の取得価額は30,000,000円であり、住宅借入金等特別控除の適用要件は満たしている（子育て世帯・若者夫婦世帯には該当しない）。

1) 6,770,000円－1,446,000円＝5,324,000円
　　5,324,000円×20%－427,500円－168,000円＝469,300円
2) 6,770,000円－(1,446,000円＋168,000円)＝5,156,000円
　　5,156,000円×20%－427,500円＝603,700円
3) 6,770,000円×20%－427,500円－168,000円＝758,500円
4) 6,770,000円－1,446,000円＝5,324,000円
　　5,324,000円×20%－427,500円＝637,300円

・解説と解答・

　所得税を計算する総合問題である。まず①②の内容を見て所得控除と税額控除を判別し、所得控除の金額、税額控除の金額を求める。

総所得金額を計算し、所得税額（税額控除前）を求める。

　　6,770,000円（給与所得控除後の金額）－1,446,000円（所得控除の額の合計額）
　　＝5,324,000円（総所得金額）
　　5,324,000円×20%－427,500円（控除額）＝637,300円

さらに、税額控除として、住宅借入金等特別控除の適用が受けられる。

　なお、購入した住宅の省エネ性能の種類により、対象となる住宅ローンの借入限度額も異なる。今回の省エネ基準適合住宅の場合には、住宅ローンの借入限度額は原則として3,000万円となる。
　住宅借入金等特別控除額は次のとおりである。
　　24,000,000円＜30,000,000円　∴24,000,000円
　　24,000,000円×0.7％（控除率）＝168,000円
　よって、所得税は次のとおりである。
　　637,300円－税額控除168,000円＝469,300円
　したがって、正解は1）である。

<u>正解　1）</u>

〈所得税の各種の税額控除〉

	控除額	留意点
外国税額控除	所得税の控除限度額＝その年分の所得税額×(その年分の調整国外所得金額／その年分の所得総額)	居住者が、その年において外国の法令により所得税に相当する租税を納付する場合に対象となる。
政党等寄附金特別控除	(その年中に支払った政党等寄附金の額の合計額－2,000円)×30％	政党または政治資金団体に対して政治活動に関する一定の寄附金を支払った場合に対象となる。
認定NPO法人等寄附金特別控除	(その年中に支払った認定NPO法人等寄附金の額の合計額－2,000円)×40％	支払った年分の所得控除として寄附金控除の適用を受けるか、または左の算式で計算した金額（その年分の所得税額の25％が限度）について税額控除の適用を受けるか、いずれか有利な方を選択できる。

2−5　給与所得者の確定申告⑴

《問》所得税の確定申告に関する次の記述のうち、最も不適切なものはどれか。

1）給与等の収入金額が2,000万円を超える給与所得者は、確定申告をする必要がある。
2）医療費控除の適用を受ける場合には、確定申告をする必要がある。
3）地震保険料控除の適用を受ける場合には、そのための手続は、確定申告ではなく、年末調整によってのみ行わなければならない。
4）給与所得者が「住宅借入金等を有する場合の所得税額の特別控除」（住宅借入金等特別控除）の適用を受ける場合には、適用初年度について確定申告をし、2年目以降は年末調整によることができる。

・解説と解答・

　所得金額の合計額が雑損控除その他の所得控除の額の合計額を超え、その超える額に税率を適用して計算した所得税額が配当控除額および年末調整に係る住宅借入金等特別控除額との合計額を超える者は、原則として確定申告をしなければならない。

　給与所得者は年末調整による所得税額の精算が行われるので通常は確定申告を行う必要はないが、給与等の収入金額が2,000万円を超えるなど一定の場合には確定申告をしなければならない。

1）適切である。
2）適切である。所得控除のうち、雑損控除、医療費控除、寄附金控除の適用を受ける場合には、確定申告をしなければならない。
3）不適切である。手続は、年末調整または確定申告のいずれかで行うこととなる。
4）適切である。

正解　3）

2－6　給与所得者の確定申告⑵

《問》給与所得者の所得税の確定申告等に関する次の記述のうち、最も不適切なものはどれか。

1) 給与の収入金額が2,000万円以下の給与所得者は、年末調整により所得税額が精算されるため、原則として確定申告の必要はない。
2) 年の中途で退職し再就職しなかった者は、年末調整を受けられないため、過納の源泉所得税があってもその還付を受けることはできない。
3) 退職金の支給を受けたが、「退職所得の受給に関する申告書」を提出していない場合、退職金の支払金額の20.42％の所得税等が源泉徴収され、確定申告により精算する。
4) 同族会社の代表取締役が、その会社から給与収入1,500万円と家賃の支払を受けている場合には、不動産所得が20万円以下でも確定申告が必要となる。

・解説と解答・

1) 適切である。給与等の収入金額が2,000万円以下である給与所得者が、1カ所から給与等の支払を受けており、その給与について源泉徴収や年末調整が行われる場合において、給与所得および退職所得以外の所得金額の合計額が20万円以下であるときは、原則として確定申告を要しない。
2) 不適切である。確定申告により過納の源泉所得税の還付を受けることができる。
3) 適切である。退職金等の支払金額の20.42％の所得税額および復興特別所得税額が源泉徴収されるが、受給者本人が確定申告を行うことにより所得税額および復興特別所得税額が精算される。
4) 適切である。同族会社の役員等がその会社から給与のほかに貸付金の利子、店舗等の家賃などの支払を受けている場合には、金額の多寡にかかわらず確定申告が必要となる。

正解　2)

2－7　青色申告(1)

> 《問》個人の青色申告に関する次の記述のうち、最も適切なものはどれ
> 　　 か。なお、電子申告または電子帳簿保存は行っていないものとす
> 　　 る。
> 　1 ）青色申告のできる人は、不動産所得、事業所得または雑所得を生ず
> 　　　べき業務を行う者に限られる。
> 　2 ）新たに青色申告の適用を受けようとする者は、所定の期日までに青
> 　　　色申告承認申請書を提出する必要があるが、市町村長の承認を受け
> 　　　る必要がある。
> 　3 ）青色申告者の特典として、最大75万円または10万円の青色申告特別
> 　　　控除の適用を受けることができる。
> 　4 ）青色申告者は、純損失の金額について、最長 3 年間の繰越控除の適
> 　　　用を受けることができる。

・ 解説と解答 ・

　所得税では、納税者自らが所得や税金を正しく計算して申告する申告納税制度を採用している。そこで、一定の帳簿書類を備え付けて、水準の高い記帳を行い、これに基づいて正しい申告をする人が所得の計算などについて有利な取扱いを受けられる制度が設けられており、これを青色申告制度という。

　青色申告の適用を受ける場合には、所定の期日までに所轄税務署長に青色申告承認申請書を提出し、所轄税務署長から承認を受ける必要がある。

1 ）不適切である。青色申告のできる人は、不動産所得、事業所得または山林
　　所得を生ずべき業務を行う者に限られる。

2 ）不適切である。所轄税務署長の承認を受けた者に限られる。

3 ）不適切である。青色申告特別控除については、要件によって、最大65万円
　　（電子帳簿保存または e-tax による申告）、55万円、10万円の控除を受ける
　　ことができる。

4 ）適切である。純損失の金額につき、翌年以降 3 年間の繰越控除ができる。

正解　4 ）

2 − 8　青色申告(2)

《問》所得税の青色申告に関する次の記述のうち、最も不適切なものはどれか。

1 ）すべての青色申告者は、取引の内容を正規の簿記の原則に従って記録し、かつ、それに基づき作成された貸借対照表や損益計算書などを添付した確定申告書を申告期限内に提出しなければ、青色申告特別控除の適用を受けることはできない。

2 ）青色申告者は、所定の帳簿および決算関係書類を、原則として 7 年間保存することとされている。

3 ）青色申告者の事業専従者として給与の支払を受ける者は、控除対象配偶者や扶養親族となることはできない。

4 ）青色申告者は、青色事業専従者に支給した給与の額が届け出た金額の範囲内で労務の対価として適正な金額であれば、その額を青色事業専従者給与として必要経費に算入することができる。

・解説と解答・

1 ）不適切である。55万円の青色申告特別控除の適用を受けようとする事業を営む青色申告者は、取引の内容を正規の簿記の原則に従って記録し、かつ、それに基づき作成された貸借対照表や損益計算書などを添付した確定申告書を申告期限内に提出しなければならない。さらに、電子申告または電子帳簿保存を行っている場合は、65万円の青色申告特別控除の適用を受けることができる。それ以外の青色申告者については、10万円の青色申告特別控除の適用を受けることができる。

2 ）適切である。

3 ）適切である。

4 ）適切である。青色事業専従者に支払った給与を必要経費に算入するためには、一定の事項を記載した「青色事業専従者給与に関する届出書」を原則としてその年の 3 月15日までに所轄税務署長に提出しなければならない。その届出書の範囲内で労務の対価として相当であれば必要経費に算入できる。

正解　1 ）

2-9　住民税

《問》個人の住民税に関する次の記述のうち、最も不適切なものはどれ
か。

1）住民税の所得割は、前年の所得金額に対して、超過累進税率を適用
して計算する。
2）住民税の所得割額の計算における基礎控除額は、最大で43万円であ
る。
3）給与所得者が有する20万円以下の雑所得の金額について、所得税で
は確定申告が不要であっても、住民税では原則として給与所得と併
せて申告する必要がある。
4）普通徴収による住民税の納期は、原則として、6月、8月、10月お
よび1月中（当該個人の住民税額が均等割額に相当する金額以下で
ある場合は6月中）において、各条例で定められている。

・解説と解答・

1）不適切である。住民税の所得割は一律10％（道府県民税4％、市町村民税
6％）が適用される。
2）適切である。住民税の所得控除は社会保険料控除や小規模企業共済等掛金
控除など所得税とまったく同じ金額となるものもあるが、総じて所得税よ
りも控除額が少額に設定されている。
3）適切である。
4）適切である。納税義務者自らが、送付された納税通知書（納付書）によっ
て年4回（6月、8月、10月、翌年1月の各月）で住民税を納める方法を
普通徴収といい、勤務先が特別徴収義務者となって、毎月支払われる給与
から住民税を天引きし、年12回（6月から翌年5月）で納める方法を特別
徴収という。

正解　1）

2 − 10　個人の事業税

《問》個人の事業税に関する次の記述のうち、最も適切なものはどれか。

1 ）不動産所得を有する者については、その貸付規模にかかわらず、個人事業税が課税される。
2 ）個人事業税の計算において、最高55万円の青色申告特別控除の適用を受けることができる。
3 ）個人事業税の計算において、年間最高290万円の事業主控除の金額を差し引くことができる。
4 ）個人事業税の税率は、事業の種類にかかわらず、一律 3 ％が適用される。

・解説と解答・

　個人が営む事業のうち、地方税法等で定められた事業（法定業種）に対してかかる税金で、現在、法定業種は70の業種があり、多くの事業が該当する。
1 ）不適切である。不動産所得については、その貸付規模が一定基準に満たない場合には課税されない。
2 ）不適切である。個人事業税には、青色申告特別控除の適用はない。
3 ）適切である。
4 ）不適切である。事業の種類に応じ 3 〜 5 ％の税率が適用される。

正解　3 ）

区分	税率	事業の種類の例
第 1 種事業（37業種）	5 ％	物品販売業、運送取扱業、料理店業、製造業、不動産貸付業　など
第 2 種事業（ 3 業種）	4 ％	畜産業、水産業、薪炭製造業
第 3 種事業（30業種）	5 ％	医業、税理士業、理容業、クリーニング業など
	3 ％	あんま・マッサージ又は指圧・はり・きゅう・柔道整復その他の医業に類する事業、装蹄師業

2−11　源泉徴収の対象となる金融商品

《問》次に掲げる金融商品の個人が受け取る収益のうち、源泉徴収の対象
　　とならないものはどれか。
1）為替先物予約付き外貨預金の為替差益
2）公社債投資信託の収益分配金
3）金地金口座の譲渡益（事業としての売買によるものではない）
4）保険期間5年以下の一時払養老保険に係る保険差益

●解説と解答●

1）源泉徴収の対象となる。外貨建預貯金で、その元本と利子をあらかじめ定
　められた利率により円または他の外貨に換算して支払うこととされている
　換算差益（例えば、外貨投資口座の為替差益など）は、源泉徴収の対象と
　なる。
2）源泉徴収の対象となる。公社債投資信託の収益の分配は、利子等として源
　泉徴収の対象となる。
3）源泉徴収の対象とならない。一般（事業としての売買によるものではな
　い）の金地金口座の譲渡益は譲渡所得となり、総合課税の対象であるた
　め、原則として確定申告が必要である。
4）源泉徴収の対象となる。一時払養老保険や一時払損害保険などで一定の要
　件を満たすものの差益（保険期間等が5年以下のものまたは保険期間等が
　5年を超えるもので保険期間等の初日から5年以内に解約されたものの差
　益に限る）は、源泉徴収の対象となる。なお、一時払個人年金保険（給付
　年金総額が定められている確定年金契約に限る）で、契約開始から5年以
　内で年金支払開始前に解約されたものの差益も含まれる。

正解　3）

2－12　公社債投資信託の税金

《問》2024年中の公社債投資信託の税金等に関する次の記述のうち、最も不適切なものはどれか。
1 ）特定公社債の利子は、所得税・復興特別所得税15.315％、住民税 5 ％の税率により源泉徴収され、確定申告不要とするか、申告分離課税とするか選択することができる。
2 ）特定公社債の償還差益は、所得税・復興特別所得税15.315％、住民税 5 ％の申告分離課税の対象となる。
3 ）公募公社債投資信託の収益分配金は、所得税・復興特別所得税15.315％、住民税 5 ％の税率で源泉徴収され、確定申告不要とするか申告分離課税とするか選択することができる。
4 ）公募公社債投資信託の譲渡益は、所得税・復興特別所得税が20.42％の税率による源泉分離課税、住民税は総合課税扱いである。

・解説と解答・

1 ）適切である。
2 ）適切である。
3 ）適切である。
4 ）不適切である。公募公社債投資信託の譲渡益は、20.315％（所得税15％・復興特別所得税0.315％・住民税 5 ％）の税率による申告分離課税となり、源泉徴収ありの特定口座を利用した場合には、申告不要とすることができる。

正解　4 ）

〈特定公社債等の税金〉

種類	利子	償還差益・譲渡益
特定公社債※	20.315％の申告分離課税	20.315％の申告分離課税
一般公社債	20.315％の源泉分離課税	20.315％の申告分離課税

※特定公社債等には、特定公社債（国債、地方債、外国国債、外国地方債、会社以外の法人が特別の法律により発行する債券、公募公社債、上場公社債、前記以外の一定の公社債）、公募公社債投資信託の受益権、証券投資信託以外の公募投資信託の受益権、特定目的信託（その社債的受益権の募集が公募により行われたものに限る）の社債的受益権がある。

2−13　配当所得

> 《問》2024年中に支払を受ける株式の配当に対する所得税の課税に関する
> 　　次の記述のうち、最も不適切なものはどれか。
>
> 1） 非上場株式の1銘柄1回の支払金額が10万円以下（年1回配当の場
> 　　合）の配当所得については、所得税では少額配当の確定申告不要制
> 　　度により20.42％の税率により源泉徴収される。
> 2） 上場株式の発行済株式総数の3％以上を有する大口個人株主の場
> 　　合、その株式の配当については、申告分離課税制度を選択すること
> 　　はできない。
> 3） 非上場株式は少額配当以外でも、申告不要制度を選択することがで
> 　　きる。
> 4） 一定の上場株式等の配当の場合、総合課税を選択することにより配
> 　　当控除を受けることができる。

● 解説と解答 ●

　配当所得とは、次の所得をいう（所法24①）。
・法人から受ける剰余金の配当（例：決算配当、中間配当）
・法人から受ける利益の配当（例：決算配当、中間配当）
・剰余金の分配（例：農業協同組合等から受ける出資に対する剰余金の配当）
・投資法人から受ける金銭の配当
・基金利息（例：相互保険会社の基金に対する利息)
・投資信託の収益の分配（公社債投資信託および公募公社債等運用投資信託を
　除く）
・特定受益発行証券信託の収益の分配
1） 適切である。
2） 適切である。なお、3％未満のときで申告するときは、総合課税か申告分
　　離課税かいずれかの統一選択とされる（銘柄別の選択はできない）。
3） 不適切である。非上場株式（一定の上場株式等以外）のうち、少額配当以
　　外は総合課税（源泉徴収20.42％）扱いのみで申告不要制度を選択できな
　　い（少額配当は申告不要制度を選択できる）。
4） 適切である。

正解　3）

2016年以降における配当所得の課税については、下記のとおりである。

区　分		所得税	住民税
一定の上場株式等の配当等(注1)		源泉徴収　15.315%	特別徴収　5％
		・申告不要制度 ・総合課税または申告分離課税15%(注2)　　｝選択	・申告不要制度 ・総合課税または申告分離課税5％　　｝選択
非上場株式等の配当（上記以外の配当等）	1銘柄1回（10万円×配当の計算期間月数÷12）で計算した金額以下	源泉徴収　20.42%	・総合課税 特別徴収なし （賦課課税）
		・総合課税(注2) ・申告不要制度　　｝選択	
	上記以外	源泉徴収　20.42%	
		・総合課税(注2)	
公募株式投資信託の収益分配		源泉徴収　15.315%	特別徴収　5％
		・申告不要制度 ・総合課税または申告分離課税15%(注2)　　｝選択	・申告不要制度 ・総合課税または申告分離課税5％　　｝選択

（注1）　一定の上場株式等……発行済株式数の3％未満を有する上場株式等
（注2）　確定申告時に所得税と復興特別所得税は併せて課税される

2-14　株式投資信託に係る税金

《問》個人の2024年中における株式投資信託の課税に関する次の記述のうち、最も不適切なものはどれか。

1) 公募株式投資信託の収益分配金は、原則として申告不要であるが、申告するときは、配当所得として総合課税または申告分離課税を選択することができる。
2) 公募株式投資信託の収益分配金については、その金額の上限なく申告不要を選択することができる。
3) 公募株式投資信託の譲渡損失は、他の上場株式等の譲渡益との通算が可能であり、通算しきれない金額は、確定申告により、翌年以降3年間にわたって繰越控除することができる。
4) 公募株式投資信託の譲渡益は、譲渡所得として申告分離課税とされ、税率は、所得税・復興特別所得税、住民税併せて10.147％である。

・解説と解答・

1) 適切である。
2) 適切である。
3) 適切である。
4) 不適切である。公募株式投資信託の譲渡益は、譲渡所得として申告分離課税とされ、適用税率は、20.315％（所得税・復興特別所得税15.315％、住民税5％）である。

正解　4)

	分配金		換金（解約請求）	
	公募公社債投資信託	公募株式投資信託（普通分配金）	公募公社債投資信託	公募株式投資信託
所　得	利子	配当	譲渡	譲渡
源泉徴収	有	有	無※1	無※1
税　率	20.315％	20.315％	20.315％	20.315％
確定申告	不要	不要	必要(申告分離)※2	必要(申告分離)※2

※1　源泉徴収ありの特定口座は、源泉徴収あり
※2　源泉徴収ありの特定口座は、不要

2 – 15　配当控除

《問》課税総所得金額等1,050万円、うち剰余金の配当等に係る配当所得
　　　の金額150万円の場合、所得税における配当控除額として、次のう
　　　ち最も適切なものはどれか。
1)　150万円× 5 ％＝7.5万円
2)　(150万円－50万円)×10％＝10万円
3)　(150万円－50万円)×10％＋50万円× 5 ％＝12.5万円
4)　150万円×10％＝15万円

・解説と解答・

　配当金を総合課税として確定申告したときは、配当所得の金額に一定率を乗
じて計算した額が、配当控除として所得税額や住民税額から控除できる。所得
税における配当控除額は、次のように計算される。
　　　 a . 課税総所得金額等が1,000万円以下の場合
　　　　　　対象となる配当所得の金額×10％
　　　 b . 課税総所得金額等が1,000万円超の場合
　(1)　課税総所得金額等－1,000万円＝① ＜ 対象となる配当所得の金額の場合
　　　（対象となる配当所得の金額－①）×10％＋①× 5 ％
　(2)　課税総所得金額等－1,000万円＝① ≧ 対象となる配当所得の金額の場合
　　　対象となる配当所得の金額× 5 ％
設問の場合は、上記 b . (1)に該当するので、配当控除額は、
　（150万円－50万円）×10％＋50万円× 5 ％＝12.5万円
したがって、 3 ）が正しい。

正解　3)

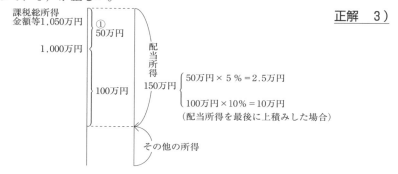

2 −16　特定口座

> 《問》特定口座に関する次の記述のうち、最も不適切なものはどれか。
> 1 ）源泉徴収ありの特定口座における株式等の譲渡益は、確定申告は原則として不要である。
> 2 ）同一銘柄の上場株式等を特定口座と他の証券会社の一般口座でそれぞれ保管している場合、譲渡益の計算をする際には、各々の取得費を総平均法に準ずる方法により平均しなくてはならない。
> 3 ）特定口座については、源泉徴収の有無にかかわらず年間取引報告書が投資家に交付される。
> 4 ）上場株式等について、一般口座と特定口座のいずれを通じて譲渡した場合も、同じ税率で課税される。

・解説と解答・

1 ）適切である。ただし、他の一般口座の譲渡損益と通算して源泉所得税等の還付を受ける場合などは確定申告をすることもできる。

2 ）不適切である。同一銘柄の上場株式を特定口座と一般口座で保管している場合でも、取得費は平均化の必要はなく、譲渡益もそれぞれの口座で別々に計算される。

3 ）適切である。なお、年間取引報告書を基にして、源泉徴収なしの特定口座分については、簡便的に申告できる。また、源泉徴収ありの特定口座でも申告を選択する際には、その年間取引報告書を確定申告書に添付等することによって、源泉（特別）徴収された税金を精算できる。

4 ）適切である。なお、税務署に対しても、源泉徴収の有無にかかわらず年間取引報告書が提出される。

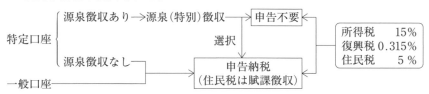

　上記のように、納税（課税）形態は異なるものの負担する税金は、原則として同一である。

正解　2 ）

2－17　申告分離課税

《問》Fさんの2024年中の株式等の売買等による損益は、次のとおりである。この場合の税額（所得税と住民税の合計税額）として、次のうち最も適切なものはどれか。なお、AとCの各銘柄はいずれも上場されているもので、Fさんは、証券会社等を通じて譲渡しており、手数料や復興特別所得税は考慮しない。

〈株式等の譲渡損益の内訳〉
A株式の譲渡益	600万円
B公募株式投資信託の譲渡損	900万円
C株式の配当金（申告分離課税を選択）	400万円

1）20万円
2）40万円
3）50万円
4）60万円

・ 解説と解答 ・

　上場株式等には、上場株式、上場新株予約権付社債、公募株式投資信託、ETF（上場投資信託）、J-REIT（不動産投資信託）などがある。それらの譲渡損益を相殺しても損失が残るときは、上場株式等の配当所得と通算できる。
　申告分離課税の対象となる上場株式等に係る配当所得は、次のようになる。
（A株式の譲渡益）　（B公募株式投資信託の譲渡損）　（上場株式等に係る譲渡損失）
　600万円　－　　900万円　　＝　　△300万円
（C株式の配当金）　（上場株式等に係る譲渡損失）
　400万円　－　　300万円　＝100万円（申告分離課税の対象となる上場株式等の配当所得）
　上場株式等の配当所得（申告分離課税）について、適用される税率は所得税15％、住民税5％である。
　所得税：100万円×15％＝15万円
　住民税：100万円×5％＝5万円
　所得税＋住民税＝20万円

正解　1）

2－18　金融類似商品

《問》次の金融商品等の収益金等のうち、源泉分離課税の対象となるもの
はどれか。
1）先物為替予約が付されていない外貨預金の為替差益
2）定期積金の給付補填金
3）公募株式投資信託の収益分配金
4）保険期間10年の一時払養老保険の満期保険金に係る保険差益

・解説と解答・

1）対象とはならない。預入時に先物為替予約を締結し、解約時の元本および
利息の受取額を確定させておく外貨預金の為替差益は、金融類似商品とし
て源泉分離課税の対象となる。一方、先物為替予約が付されていない外貨
預金の為替差益は雑所得となり総合課税となる。また、為替予約により、
他の外貨で受け取ることとされている外貨預金の為替差益は、20.315％の
税率による源泉分離課税の対象となる。
2）対象となる。
3）対象とはならない。公募株式投資信託の収益分配金（普通分配金）は、
20.315％の税率で源泉徴収が行われ、原則として確定申告不要であるが、
総合課税または申告分離課税を選択して確定申告をすることもできる。
4）対象とはならない。一時払養老保険のうち、保険期間が5年以下であるな
ど一定要件を満たすものの保険差益については、金融類似商品として
20.315％の源泉分離課税の対象となる。それ以外の保険差益については、
総合課税の一時所得となる。

<u>正解　2）</u>

2－19　生命保険金

《問》個人が契約者である生命保険の保険金の税金に関する次の記述のうち、最も不適切なものはどれか。
1）保険料負担者A、被保険者B、受取人Cとした場合の死亡保険金は、相続税の課税対象となる。
2）保険料負担者A、被保険者B、受取人Aとした場合の死亡保険金は、一時所得として所得税の課税対象となる。
3）保険料負担者A、被保険者B、受取人Aとした場合の満期保険金（一時金）は、一時所得として所得税の課税対象となる。
4）保険料負担者A、被保険者B、受取人Cとした場合の満期保険金（一時金）は、贈与税の課税対象となる。

・解説と解答・

保険金の課税関係を一覧表で示すと、以下の表のとおりである。

保険金の種類	保険料負担者	被保険者	受取人	税金の種類
死亡保険金	A	A	B	相続税
		B	A	所得税（一時所得、雑所得）、住民税
			C	贈与税
満期保険金	A	だれでも	A	所得税（一時金は一時所得、年金は雑所得）、住民税
			A以外	贈与税

1）不適切である。保険料負担者A、被保険者B、受取人Cである死亡保険金は、AからCへの贈与とみなされ、贈与税の課税対象となる。
2）適切である。
3）適切である。
4）適切である。

正解　1）

2－20　財形貯蓄

《問》勤労者財産形成促進制度に関する次の記述のうち、最も不適切なものはどれか。なお、本設問については、以下のような略称を用いている。

　・一般財形貯蓄＝勤労者財産形成貯蓄
　・財形年金貯蓄＝勤労者財産形成年金貯蓄
　・財形住宅貯蓄＝勤労者財産形成住宅貯蓄

1) 非課税扱いとなるのは、財形年金貯蓄と財形住宅貯蓄とを併せて元本合計550万円までの利息で、在職中における積立期間中の利子に限られる。

2) 勤労者が金融機関と、勤労者財産形成促進制度に係る契約を締結することができるのは、一般財形貯蓄を除き満55歳未満の者に限られるが、当該契約に基づく預入れ等は、満55歳以後も継続して行うことができる。

3) 原則として、一般財形貯蓄は3年以上、財形年金貯蓄や財形住宅貯蓄は5年以上にわたって、定期的に預入れすることが必要となる。

4) 財形年金貯蓄について目的外の払出しがあった場合は、解約利子が課税扱いとなり、かつ、要件違反日から5年前に遡ってその日以降に非課税で支払われた利子の累計額に対して20.315％の税率により追徴課税される。

・解説と解答・

1) 不適切である。租税特別措置法の規定により、在職中における積立期間の利子のほか、退職して60歳以後の年金支払期間中に生じる利子は、非課税となる。なお、財形年金貯蓄と財形住宅貯蓄あわせて元利合計550万円から生ずる利子等が非課税とされる。財形年金貯蓄のうち、（郵便貯金）生命保険または損害保険の保険料、生命共済の共済掛金、簡易保険の掛金等に係るものにあっては払込累計額で385万円までが非課税となる。

2) 適切である。

3) 適切である。

4) 適切である。

正解　1)

2 −21　新しい NISA 制度

《問》2024年1月以降の「NISA」制度（少額投資非課税制度）に関する
次の記述のうち、最も不適切なものはどれか。
1 ）年間投資枠は、つみたて投資枠が120万円、成長投資枠が年間240万
円である。
2 ）「NISA」の非課税保有限度額は全体で1,800万円であり、うち成長
投資枠は1,200万円までである。
3 ）つみたて投資枠では、個別株式への投資は不可能である。
4 ）「NISA 口座」の開設・利用は、2028年12月31日までの時限措置で
ある。

・解説と解答・

1 ）適切である。
2 ）適切である。つみたて投資枠は120万円、成長投資枠は240万円である。こ
の2つは併用可能なので、年間で合計最大360万円まで投資できる。
3 ）適切である。つみたて投資枠は、一定の投資信託を対象とする長期・積
立・分散投資の枠である。一方、成長投資枠は投資信託に加えて上場株式
への投資も認めているが、投資対象商品では、①整理・監理銘柄に指定さ
れている上場株式等、②信託期間20年未満、高レバレッジ型および毎月分
配型の投資信託等は除外される。
4 ）不適切である。旧 NISA 口座の開設・利用は時限措置であったが、新し
い NISA 制度において、恒久化・無期限化された。

正解　4 ）

（参考）2024年からの NISA 制度

	つみたて投資枠	成長投資枠
	(併用可)	
年間非課税枠	120万円	240万円
非課税保有期間	無期限化	無期限化
非課税保有限度額（総枠）	1,800万円（簿価残高方式で管理（枠の再利用が可能））	
		（内数として1,200万円）
口座開設期間	恒久化	恒久化
投資対象商品	長期の積立・分散投資に適した一定の投資信託	上場株式、投資信託等（一部対象除外あり）
対象年齢	18歳以上	18歳以上
備考	2023年末までの一般 NISA および積立 NISA において投資した商品は、新しい制度の外枠で、現行制度における非課税措置を適用。 旧制度から2024年1月からの新制度へのロールオーバーは不可。	

第3章

不動産と税金

3－1　印紙税

《問》印紙税に関する次の記述のうち、最も不適切なものはどれか。

　1）印紙税法で定められた課税文書以外にも、印紙税が課税されること
　　　がある。
　2）印紙税法で定められた課税文書の要件の1つとして、「当事者の間
　　　において課税事項を証明する目的で作成された文書であること」が
　　　挙げられる。
　3）印紙を貼り付ける方法によって印紙税を納付することとなる課税文
　　　書の作成者が、貼り付けた印紙を所定の方法によって消印しなかっ
　　　た場合には、消印されていない印紙の額面に相当する金額の過怠税
　　　が徴収されることになる。
　4）過怠税は、その全額が、法人税の損金や所得税の必要経費には算入
　　　されない。

● 解説と解答 ●

1）不適切である。印紙税法で定められた課税文書に限られる。
2）適切である。課税文書とは、次の3つのすべてに当てはまる文書をいう。
・印紙税法別表第一（課税物件表）に掲げられている20種類の文書により証明
　されるべき事項（課税事項）が記載されていること。
・当事者の間において課税事項を証明する目的で作成された文書であること。
・印紙税法5条（非課税文書）の規定により印紙税を課税しないこととされて
　いる非課税文書でないこと。
3）適切である。印紙税の納付は、通常、作成した課税文書に所定の額面の収
　　入印紙を貼り付け、印章または署名で消印することによって行う。
　　　なお、印紙を貼り付ける方法によって印紙税を納付することとなる課税
　　文書の作成者が、その納付すべき印紙税を課税文書の作成の時までに納付
　　しなかった場合には、その納付しなかった印紙税の額とその2倍に相当す
　　る金額との合計額、すなわち当初に納付すべき印紙税の額の3倍に相当す
　　る過怠税が徴収される。なお、調査前に自主的に申し出た場合は、1.1倍
　　に軽減される。
4）適切である。

正解　1）

3－2　登録免許税(1)

《問》不動産の登録免許税に関する次の記述のうち、最も適切なものはどれか。

1）相続人が、相続により不動産を取得し、所有権移転登記をしたときは非課税となる。

2）所有権保存登記や所有権移転登記をした場合の課税標準は、その不動産の実際の取引金額による。

3）抵当権設定登記をした場合の課税標準は、その不動産の価額である。

4）個人が住宅用家屋を新築し、それを自己の居住の用に供した場合の所有権保存登記においては、一定の要件を満たせば税率が軽減される。

・解説と解答・

1）不適切である。所有権の保存登記や相続、遺贈、贈与、その他の所有権の移転登記等は課税される（なお、相続による所有権の移転登記等について、不動産の価額が100万円以下の土地である場合の免税措置がある）。相続の場合の移転登記の税率は、1,000分の4である。

2）不適切である。不動産に係る登録免許税の課税標準は登記原因により異なる。所有権の保存登記や所有権移転登記の場合は、いずれも不動産の価額（原則として固定資産税評価額）である。

3）不適切である。抵当権設定登記の場合の課税標準は、通常、債権金額である。

4）適切である。適用対象となる新築の住宅用家屋は、もっぱら自己の住宅用に供される家屋で床面積が50m^{2}以上であるものは、原則として税率が1,000分の1.5（通常は1,000分の4）に軽減される（2027年3月31日までに新築されたものが対象）。また、特定の住宅用家屋については、さらに税率が軽減される。

正解　4）

3－3　登録免許税⑵

《問》不動産の登録免許税に関する次の記述のうち、最も不適切なものは
　　　どれか。
　1）不動産取得税は地方税であるが、登録免許税は国税である。
　2）不動産の賃借権の設定登記の課税標準は、当該不動産に係る価額で
　　　ある。
　3）土地を贈与により取得した場合の所有権移転登記に係る登録免許税
　　　の税率は、相続により取得した場合の所有権移転登記に係る登録免
　　　許税の税率とは異なる。
　4）不動産を売買により取得した場合の所有権移転登記に係る登録免許
　　　税の課税標準は、実際の取引金額である。

・解説と解答・

　登録免許税は、不動産、船舶、航空機、会社、人の資格などについての登記
や登録、特許、免許、許可、認可、認定、指定および技能証明について課税さ
れる。
1）適切である。
2）適切である。不動産の賃借権の設定登記の課税標準は、当該不動産に係る
　　価額である。
3）適切である。贈与の場合の税率は1,000分の20、相続の場合の税率は1,000
　　分の4である。
4）不適切である。実際の売買価額ではなく、登記の際の不動産の価額（当分
　　の間、固定資産税評価額によることができる）である。

<u>正解　4）</u>

3－4　不動産取得税(1)

《問》不動産取得税に関する次の記述のうち、最も不適切なものはどれか。

1）自己の居住用住宅（1戸当たりの床面積50m² 以上240m² 以下）を新築した場合の課税標準の算定においては、その住宅の課税標準となるべき価格（固定資産税評価額）から1,000万円を控除できる。

2）不動産取得税の課税主体は、取得した不動産が所在する都道府県である。

3）不動産取得税は、相続による不動産の取得の場合は非課税であるが、贈与による不動産の取得の場合は課税される。

4）一定の要件を満たす住宅用土地を取得した場合の課税標準の算定においては、課税標準を固定資産税評価額の2分の1とする特例措置がとられている。

・解説と解答・

1）不適切である。控除額は1,200万円である。なお、認定長期優良住宅の場合は、2026年3月31日までの特例として、控除額は1,300万円である。

2）適切である。登録免許税は国税であるが、不動産取得税は地方税であり、課税主体は都道府県である。

3）適切である。相続による取得の場合は、形式的移転とされて非課税である。

4）適切である。宅地の取得については、2027年3月31日まで課税標準を価格の2分の1とする特例措置がとられている。

<u>正解　1）</u>

3－5　不動産取得税(2)

《問》個人が、2024年1月に床面積100m²の新築住宅（認定長期優良住宅に該当しない）を3,000万円で購入した。この住宅の固定資産税評価額は1,500万円であり、新築住宅の課税標準の特例を適用できる場合、この住宅に係る不動産取得税の税額計算として最も適切なものは、次のうちどれか。

1）3,000万円×3％＝90万円

2）（3,000万円－1,200万円）×3.5％＝63万円

3）（1,500万円－1,200万円）×3％＝9万円

4）（1,500万円－1,200万円）×3.5％＝10.5万円

● 解説と解答 ●

　不動産取得税は、不動産の取得に対して課税するものである。不動産の取得とは、有償無償を問わず売買・交換・贈与・寄付等により家屋や建売住宅を購入し、不動産の所有権を取得することである。ただし、不動産の取得自体が形式的なものであり、その所有権が実質的には特に変更がない相続や、法人の合併等により取得した場合は非課税となる。

　不動産取得税の課税標準は、原則として固定資産税評価額であり、実際の売買価額や家屋の建築価格ではない。

　不動産取得税では、一定の新築住宅について、一戸につき1,200万円を課税標準から控除する特例が設けられている。また、2027年3月31日までの特例措置として、住宅に係る標準税率は、100分の3（本則100分の4）である。

正解　3）

3－6　不動産取得税・固定資産税

《問》不動産取得税および固定資産税の軽減に関する次の記述のうち、最も不適切なものはどれか。

1）不動産取得税においては、自己の居住用住宅（戸建・認定長期優良住宅に該当しない）を新築した場合の課税標準については、一戸当たりの床面積が50m^{2}以上240m^{2}以下のものに限り、1,200万円を控除することができる。

2）店舗や事務所等、住宅以外の家屋に係る不動産取得税の標準税率は、100分の4である。

3）固定資産税においては、一戸当たりの住宅用地のうち200m^{2}までの部分（小規模住宅用地）の課税標準はその価格の3分の1の額とされる。

4）新築中高層耐火建築住宅で一定の要件を満たすものは、固定資産税の税額が5年間にわたり、120m^{2}までの部分が税額の2分の1の額に減額される。

・解説と解答・

不動産取得税、固定資産税には、種々の特例や、軽減措置がある。

1）適切である。

2）適切である。標準税率の本則は、100分の4である。

3）不適切である。一戸当たりの小規模住宅用地の課税標準は、その評価額の6分の1である。また、200m^{2}を超える部分の一般の住宅用地の課税標準は、その評価額の3分の1となる。

4）適切である。一定の新築住宅（新築中高層耐火建築住宅）で床面積が50m^2（戸建以外の貸家住宅は40m^2）以上280m^{2}以下である場合は、120m^{2}までの部分につき5年間、固定資産税の税額が2分の1となる（2026年3月31日までに新築されたものが対象）。

正解　3）

3－7　固定資産税

《問》固定資産税に関する次の記述のうち、最も適切なものはどれか。
1）土地・家屋の課税標準である固定資産税評価額は、2年に1度の基準年度に評価替えが行われる。
2）同一者が同一市区町村内に所有している資産の固定資産税評価額が、土地については30万円、家屋については20万円に満たない場合は、原則として固定資産税は課されない。
3）すべての新築住宅は、新たに固定資産税が課されることとなった年度から5年分、床面積の一定部分に係る税額の2分の1が減額される。
4）固定資産税の賦課期日は、4月1日である。

・解説と解答・

1）不適切である。評価替えは3年に1度の基準年度において行われる。
2）適切である。固定資産税には免税点があり、市町村の財政上その他特別の必要がない限り固定資産税は課されない。土地は30万円未満、家屋は20万円未満、償却資産は150万円未満である。
3）不適切である。床面積が50m^2（戸建以外の貸家住宅は40m^2）以上280m^{2}以下の場合、3年分（新築中高層耐火建築住宅の場合は5年分）について、床面積120m^{2}までの部分に係る税額の2分の1が減額される（2026年3月31日までに新築されたものが対象）。
4）不適切である。固定資産税の賦課期日は、1月1日である。

正解　2）

3－8　取得費(1)

《問》土地・建物の譲渡所得における取得費に関する次の記述のうち、最も不適切なものはどれか。

1）取得費には、売った土地や建物の購入代金、建築代金、購入手数料は含まれるが、設備費や改良費は含まれない。

2）建物の取得費は、購入代金または建築代金などの合計額から減価償却費相当額を差し引いた金額となる。

3）土地や建物を購入するために借り入れた資金の利子のうち、その土地や建物を実際に使用開始する日までの期間に対応する部分の利子は取得費に含まれる。

4）借主がいる土地や建物を購入するときに、借主を立ち退かせるために支払った立退料は取得費に含まれる。

・解説と解答・

1）不適切である。取得費には、売った土地や建物の購入代金、建築代金、購入手数料のほか設備費や改良費も含まれる。

2）適切である。

3）適切である。

4）適切である。

正解　1）

　以上のほか、取得費に含まれる主なものは次のとおりである。ただし、事業所得などの必要経費に算入されたものは含まれない。

① 土地や建物を購入（贈与、相続または遺贈による取得も含む）したときに納付した登録免許税・登記費用、不動産取得税、特別土地保有税（取得分）、印紙税

② 造成費用や測量費

③ 所有権などを確保するために要した訴訟費用

④ 建物付の土地を購入して、その後おおむね1年以内に建物を取り壊すなど、当初から土地の利用が目的であったと認められる場合の建物の購入代金や取壊しの費用

⑤ 既に締結されている土地などの購入契約を解除して、他の物件を取得することとした場合に支出する違約金

3－9　取得費(2)

《問》 Aさんは、2016年1月に死亡した父から相続（単純承認）した甲土地を2024年5月に譲渡した。次の〈資料〉に基づき、Aさんの譲渡所得の計算上、譲渡収入金額から差し引くことのできる取得費として、次のうち最も適切なものはどれか。なお、概算取得費は考慮しないものとする。また、〈資料〉の支出額はすべて事業所得などの計算上必要経費に算入されたものではない。

〈資料〉

　① 相続開始時点の甲土地の相続税評価額：8,000万円
　② 父が甲土地を購入した時の購入価額：500万円
　③ 父が甲土地を購入した時に支払った不動産業者の仲介手数料：15万円
　④ Aさんが甲土地を相続した時に支払った相続登記費用：30万円
　⑤ Aさんが甲土地を相続してから譲渡するまでの間に支払った固定資産税：120万円

1 ）8,000万円＋30万円＝8,030万円
2 ）500万円＋15万円＋30万円＝545万円
3 ）8,000万円＋30万円＋120万円＝8,150万円
4 ）500万円＋15万円＋30万円＋120万円＝665万円

・解説と解答・

　相続により取得した土地の取得費は、被相続人の取得費を引き継ぐ。その取得費には、被相続人が支払った購入価額、仲介手数料、登記費用等が含まれる（登記費用については、事業所得などの計算上必要経費に算入されたものは取得費には含まれない）。

　相続により取得した時の相続税評価額はこの場合の取得費とは関係ない。なお、相続人が支払った相続登記費用は取得費に含まれるとされている。固定資産税等のように保有に関わる支出は取得費には含まれない。

正解　2 ）

３−10　取得費(3)

《問》Ａさんは、2024年１月に父の死亡に伴い下記資産を相続により取得した。このうち、2024年11月に甲土地を１億2,000万円、また丙ゴルフ会員権を1,000万円で譲渡した。

　この譲渡において、「相続財産を譲渡した場合の取得費加算の特例」の適用を受けた場合に、本来の取得費に加算できる金額の計算方法とその金額として最も適切なものはどれか。

● 相続により取得した財産 （相続税評価額）

甲　土　地	１億円
乙　土　地	8,000万円
丙ゴルフ会員権	700万円
その他財産（土地はなし）	1,300万円
課税価格	２億円

● Ａさんの相続税額　　　　　8,000万円

１）甲土地分と丙ゴルフ会員権分とに区分して計算する。

$$甲土地分加算額＝8,000万円 \times \frac{１億円}{２億円}＝4,000万円$$

$$丙ゴルフ会員権分加算額＝8,000万円 \times \frac{700万円}{２億円}＝280万円$$

２）甲・乙土地分と丙ゴルフ会員権分とに区分して計算する。

$$甲・乙土地分加算額＝8,000万円 \times \frac{１億8,000万円}{２億円}＝7,200万円$$

$$丙ゴルフ会員権分加算額＝8,000万円 \times \frac{700万円}{２億円}＝280万円$$

３）甲土地分と丙ゴルフ会員権分とに区分せず一括計算する。

$$加算額＝8,000万円 \times \frac{１億700万円}{２億円}＝4,280万円$$

４）甲・乙土地分と丙ゴルフ会員権分とに区分せず一括計算する。

$$加算額＝8,000万円 \times \frac{１億8,700万円}{２億円}＝7,480万円$$

・解説と解答・

　相続または遺贈によって取得した財産を、相続開始のあった日の翌日から相続税の申告期限の翌日以後3年を経過する日までに譲渡した場合には、その人の相続税額のうち一定部分について、譲渡所得金額の計算上、控除される取得費に加算できる。

　この加算できる金額は次の式により計算した額である。

$$\text{取得費に加算できる相続税額} = \text{その人の相続税額} \times \frac{\text{譲渡資産の相続税評価額}}{\text{その人の相続税の課税価格（債務控除前）}}$$

　本問の場合、甲土地と丙ゴルフ会員権を譲渡している。これらの譲渡による所得は、いずれも譲渡所得となるが、土地は申告分離課税、ゴルフ会員権は総合課税と、それぞれ別個に課税され、取得費加算額の計算方法も異なっている。したがって、甲土地と丙ゴルフ会員権に区分して加算額を計算する必要がある。

　甲土地については、相続税額に「相続税の課税価格に対する甲土地の相続税評価額の割合」を乗じて求める。

　ゴルフ会員権については、相続税額に「相続税の課税価格に対するゴルフ会員権の相続税評価額の割合」を乗じて求める。

　したがって、1）が正しい。

正解　1）

3 −11　譲渡費用⑴

《問》Aさんは、2024年 5 月に、所有していた貸家を取り壊し、その敷地を譲渡した。Aさんの譲渡所得の金額の計算上、譲渡収入金額から差し引くことができる譲渡費用として、次のうち最も不適切なものはどれか。
1 ）譲渡した土地の2024年度分の固定資産税
2 ）譲渡に際して貸家の借主に支払った立退料
3 ）売買契約に基づき取り壊した建物の取壊し費用
4 ）譲渡に際して測量士に支払った測量費

・解説と解答・

　譲渡所得の計算上、譲渡費用となるのは、
①　譲渡に際して支出した仲介手数料、運搬費、登記・登録に要する費用、測量費、売買契約書に貼付した印紙代などの譲渡のために直接要した費用
②　借家人などを立ち退かせるための立退料
③　土地等を譲渡するため、その土地の上にある建物等を取壊した場合の取壊費用や取壊しにより生じた建物の損失の金額
④　すでに売買契約を締結している土地建物等をさらに有利な条件で他に譲渡するため前の契約を解除したことに伴い支出した違約金
等である。
　修繕費、固定資産税等の、維持管理に要した費用は含まれない。

正解　1 ）

3－12　譲渡費用(2)

《問》 Aさんは、居住用不動産をCさんに譲渡する売買契約を締結して
いたが、Bさんのほうが譲渡金額の提示が高額だったので、違約金
を支払い、Cさんとの契約を解除してBさんに当該不動産を譲渡し
た。次の〈資料〉に基づき、Aさんの譲渡所得の金額の計算上、譲
渡収入金額から差し引かれる譲渡費用の額として、次のうち最も適
切なものはどれか。

〈資料〉

① 売買の仲介業者に支払った仲介手数料：100万円
② Cさんとの契約を解除するために支払った違約金：300万円
③ Bさんとの契約に従い土地の面積を実測するためにAさんが負
担した測量費：80万円
④ 次の居住用家屋を購入するまでの間に借りたマンションの家
賃：150万円

1 ） 100万円＋300万円＋80万円＋150万円＝630万円
2 ） 100万円＋300万円＋80万円＝480万円
3 ） 100万円＋80万円＋150万円＝330万円
4 ） 100万円＋80万円＝180万円

・解説と解答・

譲渡所得の金額の計算上、譲渡費用となるのは次に掲げるものである。
・譲渡に際して支出した仲介手数料、運搬費、登記・登録に要する費用、測量
費、売買契約書に貼付した印紙代など譲渡のために直接要した費用
・借家人などを立ち退かせるための立退料
・土地等を譲渡するため、その土地の上にある建物などを取壊した場合の取壊
し費用や取壊しにより生じた建物の損失の金額
・すでに売買契約を締結している土地建物等をさらに有利な条件で他に譲渡す
るため前の契約を解除したことに伴い支出した違約金
したがって、①～③は譲渡費用に該当するが、④は該当しない。

<u>正解　2 ）</u>

3-13　取得の日、譲渡の日(1)

《問》土地建物等の譲渡所得の金額の計算上、土地建物等の「取得の日」に関する次の記述のうち、最も不適切なものはどれか。

1）他に請け負わせて建設した建物の「取得の日」は、建物の建設が完了した日となる。
2）他から購入した農地以外の土地の「取得の日」は、原則として土地の引渡しを受けた日となる。
3）相続（単純承認）により取得した土地建物等の「取得の日」は、被相続人が取得した日を引き継ぐ。
4）「固定資産の交換の場合の譲渡所得の特例」の適用を受けた場合、交換により取得した資産の「取得の日」は、交換により譲渡した資産の取得日を引き継ぐ。

・解説と解答・

1）不適切である。他に請け負わせて建設をした建物の「取得の日」は、建物の建設が完了した日ではなく、建物の引渡しを受けた日である。
2）適切である。他から購入した農地以外の資産の「取得の日」は、原則として引渡しを受けた日である。なお、売買契約の効力発生日を「取得の日」として選択することも認められており、原則として、納税者がどちらかを選択できる。
3）適切である。相続（単純承認）により取得した土地建物等の「取得の日」は、被相続人の取得の日を引き継ぐ。
4）適切である。固定資産の交換の特例による交換取得資産の「取得の日」は、旧資産（交換譲渡資産）の取得の日を引き継ぐ。

正解　1）

3－14　取得の日、譲渡の日⑵

《問》土地建物等の譲渡所得の金額の計算上、土地建物等の所有期間の起
　　算日となる「取得の日」、譲渡による収入金額を計上すべき日とな
　　る「譲渡の日」に関する次の記述のうち、最も適切なものはどれ
　　か。
　1）相続（単純承認）により取得した土地建物等の「取得の日」は、被
　　　相続人の取得日を引き継ぐ。
　2）他から購入した土地（農地を除く）を譲渡した場合、その土地の
　　　「取得の日」を売買契約の効力発生日とし、「譲渡の日」を引渡しが
　　　あった日とすることはできない。
　3）他から購入した土地の「取得の日」は、土地の引渡しがあった日で
　　　あり、売買契約の効力発生日とすることはできない。
　4）不動産会社が分譲するマンションの建築中に当該マンションの居住
　　　用の一区画について売買契約を締結した場合、その「取得の日」
　　　は、売買契約の締結日とすることができる。

・解説と解答・

1）適切である。
2）不適切である。他から購入した農地以外の資産を譲渡した場合について、
　「取得の日」の判定基準と「譲渡の日」の判定基準が異なっても構わない。
3）不適切である。他から購入した農地以外の資産の「取得の日」は、原則と
　して引渡しを受けた日であるが、売買契約の効力発生日とすることもでき
　き、原則として、納税者がこれを選択できる。
4）不適切である。契約時において建築が完了していない資産については、そ
　の建築が完了した日が「取得の日」となる。

正解　1）

3 － 15　短期譲渡・長期譲渡の区分

《問》個人が土地・建物等を譲渡した場合、その所得が長期譲渡所得または短期譲渡所得のいずれとされるかに関する次の記述のうち、最も適切なものはどれか。

1 ）土地・建物等を取得した日から譲渡する日までの保有期間が 5 年以内か 5 年超かで、短期・長期が区分される。

2 ）土地・建物等の所有期間が譲渡の年の12月31日現在で 5 年以内か 5 年超かで、短期・長期が区分される。

3 ）父が2009年 5 月に購入した土地を、2022年 6 月に相続（単純承認）し、当該相続人が2024年 3 月にその土地を譲渡した場合には、長期譲渡所得となる。

4 ）「特定の居住用財産の買換え特例」の適用を受けた土地・建物を譲渡した場合には、旧資産の取得日を基準として短期・長期が区分される。

・解説と解答・

1 ）不適切である。譲渡の年の 1 月 1 日現在の所有期間が 5 年以内か 5 年超かで短期・長期が判定される。

2 ）不適切である。

3 ）適切である。単純承認によって相続した場合の取得日は、被相続人の取得日を引き継ぐこととされているため、設問の場合は長期保有となる。

4 ）不適切である。固定資産の交換や収用によって取得した場合と異なり、特定の居住用資産の買換特例の適用を受けて取得したものは、その買換取得資産を実際に取得した日から起算することとされている。

<u>正解　3 ）</u>

3－16　短期譲渡所得の税額

《問》以下の土地を2024年中に譲渡した場合の一般の短期譲渡所得に係る
所得税（復興特別所得税を含む）および住民税の合計税額の計算と
して、次のうち最も適切なものはどれか。

> ・譲渡価額　　2,500万円
> ・取得費　　　2,000万円
> ・譲渡費用　　　80万円

1）{2,500万円－（2,000万円＋80万円)}×14.21％
2）{2,500万円－（2,000万円＋80万円)}×20.315％
3）{2,500万円－（2,000万円＋80万円）－50万円}×39.63％
4）{2,500万円－（2,000万円＋80万円)}×39.63％

・解説と解答・

短期譲渡の場合の税額は、以下のとおりとなる。

〈所得税、復興特別所得税〉

　短期譲渡所得金額×30.63％（30％＋0.63％）

〈住民税〉

　短期譲渡所得金額×9％

1）不適切である。税率14.21％は、居住用財産を譲渡した場合の軽減税率である。

2）不適切である。税率20.315％は、長期保有の土地等を譲渡した場合である。

3）不適切である。税率39.63％は、短期保有の場合の税率であるが、50万円の控除は、土地建物、株式の譲渡以外の総合課税の譲渡の場合に適用される。

4）適切である。

正解　4）

3－17　短期譲渡所得

《問》土地建物等を譲渡した場合の短期譲渡所得に関する次の記述のうち、最も不適切なものはどれか。

1）土地建物等の譲渡に係る短期譲渡所得の損益は、土地建物等の譲渡に係る長期譲渡所得の損益と通算することはできない。

2）土地建物等の譲渡による所得が短期譲渡所得であるかどうかは、譲渡した年の1月1日における所有期間が5年以下かどうかにより判定される。

3）土地建物等の短期譲渡所得に対する所得税および復興特別所得税の税率は、30.63％である。

4）土地建物等の短期譲渡所得に対する住民税の税率は、9％である。

・解説と解答・

1）不適切である。土地建物等（一定の居住用以外のもの）の譲渡所得の計算上生じた損失の金額は、原則として土地建物等の譲渡所得の金額とのみ通算（内部通算）できる。

2）適切である。土地建物等以外の総合課税の対象となる資産については、その資産の取得の日以後の所有期間が5年以下かどうかにより判定される（譲渡した土地建物等の所有期間が、譲渡の年の1月1日現在で5年を超えるものは長期譲渡所得に該当する）。

3）適切である。土地建物等の譲渡が一般の短期譲渡所得に該当する場合、所得税および住民税の合計税率は39％（所得税30％、住民税9％）である。なお、復興特別所得税を考慮した場合は30.63％、合計税率39.63％である。

4）適切である。土地建物等の譲渡が一般の短期譲渡所得に該当する場合、所得税および住民税の合計税率は39％（所得税30％、住民税9％）である。なお、復興特別所得税を考慮した場合は30.63％、合計税率39.63％である。

正解　1）

3-18　長期譲渡所得

《問》個人が、2024年1月に下記のＡおよびＢの土地（更地）を譲渡した。この譲渡に係る所得が長期譲渡所得に該当する場合の所得税（復興特別所得税を含む）および住民税の合計税額の計算として最も適切なものは、次のうちどれか。なお、計算にあたっては、納税者に最も有利な計算方法を選択すること。

	譲渡価額	取得費	譲渡費用
・土地Ａ	3,000万円	1,000万円	250万円
・土地Ｂ	1,000万円	10万円	50万円

1）｛（3,000万円＋1,000万円）－（1,000万円＋250万円＋1,000万円×5％＋50万円）｝×20.315％
2）｛4,000万円－（1,010万円＋300万円）－50万円｝×20.315％
3）｛（3,000万円＋1,000万円）－（1,000万円＋250万円＋10万円＋50万円）｝×20.315％
4）｛4,000万円－（4,000万円×5％＋300万円）｝×20.315％

● 解説と解答 ●

一般の土地の譲渡に係る長期譲渡所得の税額の計算は、以下のとおり。
　｜譲渡収入金額－（取得費＋譲渡費用）｜×20.315％（所得税15％、復興特別所得税0.315％、住民税5％）
　購入価額が不明の場合や、実際の取得費よりも概算取得費（譲渡収入金額の5％）のほうが多い場合は、概算取得費を採用できる。なお、同一年中に2以上の土地を譲渡した場合、個々の土地ごとに概算取得費を採用するかどうかを選択できる。

　　　　　〈概算取得費〉　　　〈実際の取得費〉
　土地Ａ　　3,000万円×5％＝150万円＜1,000万円　　∴1,000万円
　土地Ｂ　　1,000万円×5％＝　50万円＞10万円　　　∴　　50万円
　したがって、土地Ａは実際の取得費、土地Ｂは概算取得費を採用したほうが有利となる。

<u>正解　1）</u>

3－19　譲渡所得の損益通算

《問》土地建物等の譲渡所得に係る損益通算に関する次の記述のうち、最も適切なものはどれか。なお、土地建物は居住用ではないものとする。

1）土地建物等の長期譲渡所得の金額の計算上生じた損失の金額は、ゴルフ会員権の譲渡所得の金額と通算できる。

2）不動産所得の金額の計算上生じた損失の金額は、土地建物等の長期譲渡所得の金額と通算できる。

3）上場株式の譲渡所得の金額の計算上生じた損失の金額は、同じ分離課税である土地建物等の長期譲渡所得の金額と通算できる。

4）土地建物等の短期譲渡所得の金額の計算上生じた損失の金額は、土地建物等の長期譲渡所得の金額と通算できる。

・解説と解答・

　土地建物等（一定の居住用以外のもの）の譲渡所得の金額の計算上生じた損失の金額は、原則として土地建物等の譲渡所得の金額とのみ通算（内部通算）できる。総合課税の譲渡所得を含む他の所得、分離課税である上場株式の譲渡所得とも通算できず、これらの所得の計算上生じた損失の金額を土地建物等の譲渡所得の金額と通算することもできない。

1）不適切である。ゴルフ会員権の譲渡所得は総合課税である。

2）不適切である。

3）不適切である。

4）適切である。

正解　4）

3－20　固定資産の交換(1)

《問》固定資産の交換の場合の譲渡所得の特例（以下、「本特例」という）
に関する次の記述のうち、最も不適切なものはどれか。
1) 本特例の適用を受けるためには、交換時における交換取得資産の時
価と交換譲渡資産の時価との差額が、これらのうちいずれか高いほ
うの価額の20％以内であることが必要である。
2) 本特例の適用を受けた場合の交換取得資産の取得時期は、交換譲渡
資産の取得時期を引き継ぐ。
3) 本特例の適用を受けるためには、交換譲渡資産と交換取得資産は、
同種の資産であることが必要であるため、土地と借地権との交換で
は、本特例の適用を受けることができない。
4) 本特例の適用を受けるためには、交換取得資産は、交換の相手方が
1年以上所有していたものであり、かつ、交換のために取得したも
のでないことが必要である。

・解説と解答・

1) 適切である。
2) 適切である。
3) 不適切である。土地と借地権は同種の資産とされるため、本特例の適用が
ある。
交換の対象となる資産は、下記の区分により同種とされる。
①土地等（農地や借地権など含む）
②建物（附属設備や構築物も含む）
③機械・装置
④船舶
⑤鉱業権
※①～⑤のそれぞれ（①と①、②と②など）の交換が対象になり、①と②
では対象とならない。
4) 適切である。交換譲渡資産も1年以上所有していたものであることが要件
である。

正解　3)

3－21　固定資産の交換(2)

《問》「固定資産の交換の場合の譲渡所得の特例」（以下、「本特例」という）に関する次の記述のうち、最も不適切なものはどれか。なお、記述にある以外の要件はすべて満たしているものとする。

1）交換により時価8,000万円の宅地を譲渡し、時価6,000万円の宅地および時価2,000万円の建物を取得した場合、本特例の適用がある。

2）交換により時価6,000万円の宅地を譲渡し、時価5,000万円の宅地および交換差金1,000万円を取得した場合、本特例の適用がある。

3）交換により時価6,500万円の宅地を譲渡し、時価8,000万円の宅地を取得し、交換差金を1,500万円支払った場合、本特例の適用がある。

4）交換により時価5,000万円の宅地を譲渡し、時価5,000万円の借地権を取得した場合、本特例の適用がある。

・解説と解答・

1）不適切である。交換譲渡資産が宅地である場合、交換取得資産である建物は同種資産ではないので差金として取り扱われる。建物の価格が高いほうの宅地8,000万円の20％を超えるので、本特例の適用はない。

2）適切である。交換差金が高いほうの宅地6,000万円の20％以下であるので本特例の適用がある。

3）適切である。交換差金が高いほうの宅地8,000万円の20％以下であるので本特例の適用がある。

4）適切である。交換譲渡資産および交換取得資産は同種の資産であることが要件であるが、土地と借地権は同種の資産とされている。

<u>正解　1）</u>

3−22　居住用財産の譲渡⑴

《問》Eさんは、2024年7月に自己の居住用土地建物を第三者に売却し、転居することになった。売却予定のこの土地建物の取得費等（建物は減価償却費相当額控除後）は、以下のとおりである。なお、所有期間・居住期間とも8年である。この譲渡に対する所得税（復興特別所得税を含む）および住民税の合計税額の計算として、次のうち最も適切なものはどれか。適用可能な特例を考慮すること。

- ・譲渡価額　　5,500万円
- ・取得費　　　1,500万円
- ・譲渡費用　　　200万円

1）5,500万円−（1,500万円＋200万円）−3,000万円＝800万円
　　800万円×14.21％

2）5,500万円−（1,500万円＋200万円）−3,000万円＝800万円
　　800万円×20.315％

3）5,500万円−（1,500万円＋200万円）−3,000万円＝800万円
　　800万円×39.63％

4）5,500万円−（1,500万円＋200万円）＝3,800万円
　　3,800万円×20.315％

・解説と解答・

　居住用土地・建物等の長期譲渡に係る譲渡所得の税額の計算に関する設問である。土地・建物等を譲渡した場合、その譲渡した年の1月1日現在において、所有期間が5年超のものを長期譲渡、それ以下のものを短期譲渡として区分し、いずれも分離課税により税額を計算する。

　課税長期譲渡所得金額は、次のように計算する。

　　譲渡価額−（取得費＋譲渡費用）−特別控除額（3,000万円）

　居住用財産の譲渡の場合の特別控除額は、保有の長期・短期の区別なく3,000万円である。

1）不適切である。居住用財産を10年超所有していた場合の税率である。

2）適切である。本問における税額の計算は、課税長期譲渡所得金額に対して、所得税（復興特別所得税を含む）15.315％、住民税5％である。

3）不適切である。短期所有の場合の税率である。

4）不適切である。特別控除額3,000万円を控除していない。

　なお、譲渡の年の1月1日現在で所有期間が10年超の居住用財産を譲渡した場合には、3,000万円の特別控除後の課税長期譲渡所得金額に対し、次の税率が適用される。

　a．課税長期譲渡所得金額が6,000万円以下の部分
　　　所得税等10.21％、住民税4％

　b．課税長期譲渡所得金額が6,000万円超の部分
　　　所得税等15.315％、住民税5％

正解　2）

3−23 居住用財産の譲渡(2)

《問》Ａさんは、2003年6月に取得した居住用土地・建物を、2024年10月に下記のとおり譲渡した。この譲渡についてＡさんが、いわゆる居住用財産の特別控除の特例や軽減税率の特例を受けることができる場合、Ａさんの譲渡所得に対する所得税（復興特別所得税を含む）及び住民税の合計税額として最も適切なものは、次のうちどれか（百円未満切捨て）。

譲渡価額	6,900万円
取 得 費	2,500万円（土地・建物〈償却費控除済み〉の合計）
譲渡費用	320万円

1) 153.46万円
2) 162万円
3) 216万円
4) 571.2万円

・解説と解答・

　10年超所有の居住用財産の譲渡であり、3,000万円控除後の課税所得に対して14.21％の税率を乗じて算出する（6,000万円超の部分は20.315％）。

　|6,900万円−(2,500万円＋320万円)−3,000万円| ＝1,080万円

所得税等　1,080万円×10.21％＝110万2,680円→110万2,600円

住民税　　1,080万円×4％＝43万2,000円

　　　　　110万2,600円＋43万2,000円＝153万4,600円

正解　1)

3 −24　居住用財産の譲渡⑶

《問》「居住用財産を譲渡した場合の長期譲渡所得の課税の特例」（以下、
「本特例」という）に関する次の記述のうち、最も不適切なものは
どれか。
1 ）本特例は、譲渡した年の 1 月 1 日における所有期間が10年を超える
　　居住用財産を譲渡した場合に、適用の対象となる。
2 ）本特例の適用を受けた場合、課税長期譲渡所得金額が6,000万円以
　　下の部分に対する税率は、14.21％に軽減される。
3 ）本特例は、「居住用財産を譲渡した場合の3,000万円の特別控除の特
　　例」と併用適用することができる。
4 ）本特例の適用を受ける居住用財産は、譲渡した年の 1 月 1 日におけ
　　る居住期間が10年を超えることが要件である。

・解説と解答・

1 ）適切である。居住用の土地建物ともに譲渡した年の 1 月 1 日における所有
　　期間が10年を超えるものであることが、適用の要件である。
2 ）適切である。「居住用財産を譲渡した場合の長期譲渡所得の課税の特例」
　　の適用を受けると、課税長期譲渡所得金額が6,000万円以下の部分につい
　　て税率が軽減される（6,000万円超の部分の税率は20.315％）。
3 ）適切である。
4 ）不適切である。「居住用財産を譲渡した場合の長期譲渡所得の課税の特例」
　　には、居住期間の要件はない。

<u>正解　4 ）</u>

3 −25　居住用財産の買換え⑴

《問》 Aさんは、1988年に取得した自宅を2024年5月に1億円で売却し、新たに8,000万円で自宅を購入し、ただちに居住した。この自宅の売却について、特定の居住用財産の買換特例の適用を受けた場合の所得税（復興特別所得税を含む）および住民税の合計税額の計算について、最も適切なものは次のうちどれか。なお、譲渡資産の取得費は不明であり、譲渡費用はないものとする。

1) $\left\{ (1億円 - 8,000万円) - 1億円 \times 5\% \times \dfrac{1億円 - 8,000万円}{1億円} \right\} \times 14.21\%$

2) $(1億円 - 8,000万円) - 1億円 \times 5\% \times \dfrac{1億円 - 8,000万円}{1億円} \overset{特別控除}{-} 1,900万円$

3) $\left\{ (1億円 - 8,000万円) - 1億円 \times 5\% \times \dfrac{1億円 - 8,000万円}{1億円} \right\} \times 20.315\%$

4) $\left\{ (1億円 - 8,000万円) - 1億円 \times 5\% \times \dfrac{1億円 - 8,000万円}{1億円} \times 0.8 \right\} \times 20.315\%$

● 解説と解答 ●

　特定の居住用財産の買換特例の適用を受けた場合の税額計算にあたっては、次の点に留意する必要がある。

① 　この買換特例は100％の課税繰延べの適用が受けられるので、譲渡価額と買換取得価額との差額に対する課税が行われる。したがって、取得費についてもこの差額に対応する金額を控除する。

② 　この特例の適用を受けた場合は、次の特例の適用は受けられない。

　・所有期間10年超の居住用財産を譲渡した場合の軽減税率

　・居住用財産を譲渡した場合の特別控除3,000万円

　したがって、3) が正しい。

正解　3)

3 -26　居住用財産の買換え⑵

《問》「特定の居住用財産の買換えの場合の長期譲渡所得の課税の特例」
　　の要件に関する次の記述のうち、最も不適切なものはどれか。
1) 譲渡資産は、土地・建物ともに譲渡の年の 1 月 1 日時点で所有期間
　　が10年超の国内にある居住用財産であることが必要である。
2) 譲渡資産は、譲渡者が10年以上居住している居住用財産であること
　　が必要である。
3) 買換資産についての面積制限は、土地は 500m^2 以下であるが、建
　　物の床面積についての制限はない。
4) 買換資産は、譲渡の日の属する年の前年 1 月 1 日から、譲渡の日の
　　属する年の12月31日まで、または譲渡の年の翌年中に取得すること
　　が必要である。

● 解説と解答 ●

1) 適切である。
2) 適切である。
3) 不適切である。敷地の土地等の面積制限は 500m^2 以下であるが、建物の
　　床面積は 50m^2 以上あることが必要である。
4) 適切である。なお、譲渡資産の譲渡対価の額が 1 億円以下であること、買
　　換資産が2024年 7 月 1 日以降建築された住宅等である場合、一定の省エネ
　　基準を満たすものであることが要件である。

正解　 3)

88

3−27　居住用財産の買換え⑶

《問》「居住用財産の買換え等の場合の譲渡損失の損益通算および繰越控
　　　除」（以下、「本特例」という）の適用要件等に関する次の記述のう
　　　ち、最も不適切なものはどれか。
　1）本特例の適用を受けて繰越控除をしようとする年の合計所得金額が
　　　3,000万円以下であることが必要である。
　2）本特例の適用を受けて繰越控除をしようとする年の12月31日におい
　　　て、買換資産の取得に係る一定の住宅借入金等の残高を有している
　　　ことが必要である。
　3）譲渡資産が土地等であり、その面積が500m²を超える部分に相当
　　　する損失の金額は、本特例の繰越控除の対象から除かれる。
　4）本特例と住宅借入金等特別控除との併用はできない。

・解説と解答・

　「居住用財産の買換え等の場合の譲渡損失の損益通算および繰越控除」の適
用を受けるには、以下の要件を満たす必要がある。
①　譲渡資産は、自己の居住用財産で、譲渡の年の1月1日において所有期間
　　が5年を超えるもの
②　譲渡の年の前年1月1日から譲渡の年の翌年12月31日までに取得し、取得
　　の日から取得の年の翌年12月31日までに自己の居住の用に供すること
③　買換資産を取得した年の年末において、買換資産の取得に係る償還期間10
　　年以上の住宅借入金等の残高を有し、かつ合計所得金額が3,000万円以下で
　　あること。
　1）適切である。
　2）適切である。
　3）適切である。
　4）不適切である。本特例と住宅借入金等特別控除との併用はできる。

<u>正解　4）</u>

3－28　事業用資産の買換え

《問》「特定の事業用資産の買換えの場合の譲渡所得の課税の特例」の適
用要件に関する次の記述のうち、最も不適切なものはどれか。な
お、一定の農地への買換えは除くものとする。
1) 買換資産が土地である場合、その面積は譲渡した土地の面積の10倍
以内でなければならない。
2) 譲渡資産は、事業の用に供しているものでなければならない。
3) 買換資産は、取得の日から1年以内に事業の用に供さなければなら
ない。
4) 買換資産は、原則として、譲渡の年の前年1月1日から譲渡の年の
翌年12月31日までの間に取得しなければならない。

●解説と解答●

　個人が、事業の用に供している特定の地域内にある土地建物等（譲渡資産）
を譲渡して、一定期間内に特定の地域内にある土地建物等の特定の資産（買換
資産）を取得し、その取得の日から1年以内にその買換資産を事業の用に供し
たときは、一定の要件のもと、譲渡益の一部に対する課税を将来に繰り延べる
ことができる。
　この特例の適用を受けると、譲渡価額より取得価額が大きいときは、譲渡価
額に一定の割合（課税割合）を掛けた額を収入金額として譲渡所得の計算を行
う。譲渡価額より取得価額が小さいときは、その差額と買い換えた金額に課税
割合を掛けた額との合計額を収入金額として譲渡所得の計算を行う。
1) 不適切である。買換資産の土地等の面積は、譲渡資産の土地等の面積の5
倍（当該資産が特定の農地等の場合は10倍）が限度となっている。
2) 適切である。譲渡資産と買換資産は、共に事業用のものに限られる。
3) 適切である。
4) 適切である。

正解　1)

第4章

相続・贈与と税金

4－1　法定相続人と法定相続分⑴

《問》被相続人Aの親族関係図は、下図のとおりである。相続税計算上の
　　　法定相続人の数として、次のうち最も適切なものはどれか。

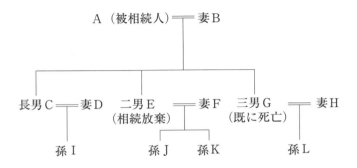

　※二男Eは、相続を放棄している。
　※三男Gは、Aの相続開始前に既に死亡している。

1）4人
2）5人
3）6人
4）7人

・解説と解答・

　民法では、相続人となるのは、被相続人の配偶者と一定の血族関係者に限られる。配偶者は常に相続人となり、以下、「子およびその代襲者→直系尊属→兄弟姉妹およびその子」の順位で相続人となる。

　妻Bは、配偶者であるため法定相続人である。

　長男Cは、第一順位の法定相続人である。妻D、孫Iは、法定相続人に含まれない。

　二男Eは、相続放棄しているが、相続税計算上の相続人の数は、相続放棄した者がいる場合でも、その放棄がなかったものとして相続人に含めることとされている。よって、二男Eは法定相続人となる。妻F、孫J、孫Kは、相続人に含まれない。

　三男Gは、相続開始時には既に死亡しているため、相続権を失っている。よ

って、法定相続人に含まれない。孫Lは、相続人となるべき三男Gが相続権を失っているため、その代襲者たる孫Lが代襲相続人として法定相続人に含まれる。なお、代襲相続人は複数存在してもそれぞれ1人として数える。

以上から、法定相続人の数は、妻B、長男C、二男E、孫Lの計4人である。

正解 1)

相続人と法定相続分	留意事項
① 子 ： $\dfrac{1}{2}$ 配偶者： $\dfrac{1}{2}$	・子は、実子であるか養子であるか、また、嫡出子であるか非嫡出子であるかを問わない。 ・子が相続開始以前に死亡しているときや相続欠格または廃除により相続権を失っているときは、その者の子・孫等が代襲して相続人となる。 ・配偶者の連れ子を相続人とするには、養子縁組が必要である。
② 直系尊属： $\dfrac{1}{3}$ 配偶者 ： $\dfrac{2}{3}$	・直系尊属の中に親等の異なる者がいるときは、その親等の近い者が相続人となる（例えば、父母と祖父母がいる場合には、父母が優先して相続人となる）。 ・実父母と養父母とは同順位で相続人となる（直系尊属とは父母、祖父母、曽祖父母などであるが、姻族を含まない）。
③ 兄弟姉妹： $\dfrac{1}{4}$ 配偶者 ： $\dfrac{3}{4}$	・兄弟姉妹は、親の実子であるか養子であるか、半血であるか全血であるかを問わない（父母の双方を同じくする兄弟姉妹を「全血の兄弟姉妹」といい、父母の一方のみを同じくする兄弟姉妹を「半血の兄弟姉妹」という）。ただし、半血の兄弟姉妹は全血の兄弟姉妹の半分しか相続権を持たない。 ・兄弟姉妹が相続開始以前に死亡しているときや相続の欠格または廃除により相続権を失っているときは、その兄弟姉妹の子が代襲して相続人となる（再代襲はなし）。 ・親の実子と養子、養子と養子でも同順位で相続人となる。

94

4-2 法定相続人と法定相続分(2)

《問》被相続人Aの親族関係図は、次の〈資料〉のとおりである。相続税
計算上の相続人の数・法定相続分に関して、次のうち、最も不適切
なものはどれか。

〈資料〉

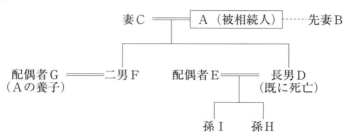

※長男Dは、Aの相続開始前に既に死亡している。

※Gは、Aと普通養子縁組をしている。なお、Aには、G以外に養子
縁組をした者はいない。

1）相続税計算上の相続人の数は、5人である。

2）養子Gの法定相続分は、実子の法定相続分の2分の1である。

3）孫Hと孫Iの法定相続分は、それぞれ12分の1となる。

4）先妻Bは、相続税計算上の相続人ではない。

・解説と解答・

1）適切である。先妻B：法定相続人に含まれない。妻C：法定相続人である。長男D：法定相続人に含まれない。Dの妻E：法定相続人に含まれない。孫H、孫I：代襲相続人として法定相続人に含まれる。二男F：法定相続人である。養子G：法定相続人である。なお、実子がいる場合、養子は複数いても1人として数える。ゆえに、法定相続人の数は、妻C・二男F・養子G・孫H・孫Iの計5人である。

2）不適切である。養子の法定相続分は、実子の法定相続分と同じである。

3）適切である。$\left(\dfrac{1}{2} \times \dfrac{1}{3}\right) \times \dfrac{1}{2} = \dfrac{1}{12}$

4）適切である。

正解　2）

4 - 3　相続の承認と放棄

《問》相続の承認と放棄に関する次の記述のうち、最も不適切なものはどれか。
1 ）相続人は、相続の開始があったことを知った日から 3 カ月以内に、相続の承認または放棄の意思を示さなかった場合、相続放棄したものとみなされる。
2 ）相続放棄とは、被相続人の財産・債務をいっさい相続しないことをいう。
3 ）単純承認とは、被相続人の財産・債務を無限定に相続することをいう。
4 ）限定承認とは、相続により取得した被相続人の財産を限度として、被相続人の債務を弁済することを了解して、相続を承認することをいう。

・解説と解答・

1 ）不適切である。相続開始があったことを知った日から 3 カ月以内に意思表示をしなかった場合には、単純承認したものとみなされる。
2 ）適切である。相続の放棄とは、債務を含めた相続財産のすべての承継を拒否することをいう。相続の放棄は、相続の開始を知った日から 3 カ月以内に家庭裁判所に相続を放棄する旨の申述をして行う。相続の放棄は、撤回することはできない。
3 ）適切である。単純承認とは、債務を含めた相続財産のすべてを受け入れることである。相続人は、単純承認をしたときは、無限に被相続人の権利義務を承継する。また、相続人が相続財産の全部または一部を処分したときや、相続の放棄または限定承認をしなかったときは、単純承認をしたとみなされる。
4 ）適切である。限定承認とは、相続によって得た財産の限度においてのみ被相続人の債務および遺贈を弁済すべきことを留保して行う相続の承認である。限定承認は、相続の開始を知った日から 3 カ月以内に家庭裁判所に限定承認する旨の申述をして行う。なお、相続人が数人あるときは、共同相続人の全員が共同してのみ行うことができる。

正解　1 ）

4－4　遺言

> 《問》遺言に関する次の記述のうち、最も不適切なものはどれか。
> 1）遺言は、満18歳以上の者でなければ作成することができない。
> 2）自筆証書遺言は、原則として遺言者がその全文、日付および氏名を自書し、これに押印して作成されるものである。
> 3）公正証書遺言は、証人2人以上の立会いのもと、遺言者が口述した遺言内容を公証人が筆記して作成されるものである。
> 4）遺言書の保管者や遺言書を発見した相続人は、相続開始を知った後遅滞なく、その遺言書について家庭裁判所の検認を受けなければならないが、公正証書遺言は検認の必要はない。

・解説と解答・

1）不適切である。遺言は満15歳以上の者であれば作成できる。
2）適切である。なお、自筆証書遺言であっても財産目録を添付する場合には、その目録については、自書しなくてもよい。
3）適切である。
4）適切である。なお、法務局による「自筆証書遺言に係る遺言書」の保管制度では、保管された遺言書は家庭裁判所での検認手続が不要となる。

正解　1）

	自筆証書遺言	公正証書遺言	秘密証書遺言
作成方法	本人が遺言の全文・氏名・日付を自書し、押印する	遺言者が公証役場で、証人2人以上の立会いの下、本人が遺言内容を口述し、それを公証人が筆記する	遺言者が遺言に署名・押印した後、封筒に入れ封印して、公証役場で証明してもらう
証人	不要	必要	必要
保管	被相続人が保管※	公証役場で保管	被相続人が保管
検認手続	必要※	不要	必要

※自筆証書遺言保管制度を利用する場合は解説4）を参照。

4－5　相続税の課税財産(1)

《問》相続税に関する次の記述のうち、最も不適切なものはどれか。
1）相続を放棄した者は、死亡保険金に係る非課税の規定の適用を受けることはできないが、死亡退職金に係る非課税の規定の適用を受けることはできる。
2）特許権や著作権のような無体財産権も、相続税の課税財産になる。
3）被相続人が骨とう品として所有していた仏像は、相続税の課税財産となる。
4）相続または遺贈により財産を取得した者が、相続税の申告期限までに国に寄附した相続財産は、相続税の課税対象にならない。

・解説と解答・

1）不適切である。相続を放棄した者は、死亡退職金についても、死亡保険金と同様に非課税の規定は適用できない。
2）適切である。金銭で見積もることができる経済的価値のあるすべての財産は、非課税財産を除き相続税の課税財産とされる。
3）適切である。日常礼拝の用に供する仏像等は非課税とされているが、商品や骨とう品、投資対象として保有している場合は課税財産となる。
4）適切である。相続や遺贈によって取得した財産を、相続税の申告期限までに、国、地方公共団体、公益を目的とする事業を行う特定の法人または認定非営利活動法人（認定NPO法人）に寄附した場合や特定の公益信託の信託財産とするために支出した場合は、その寄附をした財産や支出した金銭は相続税の対象としない特例がある。

<u>正解　1)</u>

4－6　相続税の課税財産⑵

《問》みなし相続財産に関する次の記述のうち、最も不適切なものはどれ
か。
1）被保険者および保険料負担者を被相続人とする生命保険契約に基づ
き、その被相続人の死亡により相続人以外の第三者（個人）が受け
取った生命保険金は、遺贈により取得した財産とみなされる。
2）相続財産の評価において、みなし相続財産として課税される生命保
険契約に関する権利の価額は、支払保険料総額に所定の割合を乗じ
て評価する。
3）被相続人の死亡後3年以内に支給が確定し、相続人に支給された死
亡退職金は、相続財産とみなされる。
4）被相続人の死亡により相続人等が雇用主から受ける弔慰金は、本来
相続税の課税対象とはならないが、死亡原因が業務外で、その支給
額が普通給与の6カ月分を超える場合、その超える部分は退職手当
金等に該当するものとして取り扱われる。

・解説と解答・

1）適切である。遺贈により取得したものとみなして相続税が課税される。
2）不適切である。原則として解約返戻金相当額により評価する。
3）適切である。被相続人の死亡によって被相続人に支給されるべきであった
退職手当金等を受け取る場合で、被相続人の死亡後3年以内に支給が確定
したものは、相続財産とみなされて相続税の課税対象となる。すべての相
続人（相続を放棄者や相続権を失った人は含まれない）が取得した退職手
当金等を合計した額が、非課税限度額（500万円×法定相続人の数）以下
のときは課税されない。
4）適切である。なお、業務上の死亡の場合は、普通給与の3年分を超える部
分が退職手当金等に該当するものとして取り扱われる。

正解　2）

4 － 7　死亡保険金(1)

《問》Aさんの死亡により、以下のとおり死亡保険金（保険料の負担はすべてAさん）が支払われた。Aさんの民法上の相続人は、妻B、実子C、養子D、養子Eの 4 人である。この場合の相続税における生命保険金の非課税限度額等に関する次の記述のうち、最も適切なものはどれか。

〈各人の死亡保険金受取額〉

妻B	1,000万円
実子C	500万円
養子D	500万円
養子E	500万円
母F	500万円

1 ）非課税限度額は、2,000万円（500万円× 4 人）である。

2 ）妻Bの非課税金額は、800万円である。

3 ）母Fの非課税金額は、250万円である。

4 ）養子Dの非課税金額は、300万円である。

● 解説と解答 ●

1 ）不適切である。この場合の法定相続人の数は、実子がいる場合、養子は 1 人までしか人数に算入できない。非課税限度額は、「500万円×法定相続人の数」である。したがって、500万円× 3 人＝1,500万円が、非課税限度額である。

2 ）不適切である。$1,500万円 \times \dfrac{1,000万円}{2,500万円^※} = 600万円$

　※各相続人が取得した死亡保険金の合計額の総額
　　　B1,000万円＋C500万円＋D500万円＋E500万円＝2,500万円
　　　母Fは、相続人でないため、含まれない。

3 ）不適切である。母Fは、相続人でないため、非課税の適用はない。

4 ）適切である。$1,500万円 \times \dfrac{500万円}{2,500万円} = 300万円$

正解　 4 ）

4-8　死亡保険金(2)

《問》Aさんが死亡し、その妻に5,000万円の死亡保険金が支払われた。この生命保険契約の契約者、被保険者および保険料の負担者は、Aさんである。この死亡保険金に関する課税関係について、次の記述のうち最も適切なものはどれか。なお、相続人は、妻および子供2人の計3人であり、この他に遺族が受け取った生命保険金等はない。

1）この死亡保険金には、贈与税が課される。

2）この死亡保険金は、社会的配慮から課税上はすべて非課税となる。

3）この死亡保険金は、みなし相続財産に該当し、生命保険金等の非課税金額1,500万円を差し引いた3,500万円が相続税の課税価格に算入される。

4）この死亡保険金は、一時所得として、妻に所得税が課される。

・解説と解答・

　被相続人の死亡により、被相続人が保険料を負担していた生命保険契約または損害保険契約の保険金を相続人等が取得した場合は、みなし相続財産となる。

　この場合、相続財産とされるのは生命保険金等の総額ではなく、相続人1人につき500万円までの金額を非課税財産として差し引くこととしている。

1）不適切である。Aさんの妻が取得した死亡保険金は、みなし相続財産に該当し、贈与税、所得税が課されるとする記述は誤りである。

2）不適切である。

3）適切である。非課税限度額は、500万円×3人＝1,500万円となる。

4）不適切である。相続税の対象となる。

正解　3）

4－9　弔慰金

《問》会社員のＡさんが死亡し、勤務する会社の規定による死亡退職金と
は別に、弔慰金等を配偶者が受け取った。この弔慰金等の相続税法
上の取扱いに関する次の記述のうち、最も適切なものはどれか。な
お、Ａさんの死亡時の賞与以外の普通給与は月額50万円であり、そ
の他に年間200万円（半年ごとに100万円）の賞与があった。また、
Ａさんの法定相続人は4人である。

1）Ａさんの死亡が業務上の事故によるものである場合、社会通念上適
正額である弔慰金等は、その金額にかかわらず、非課税となる。

2）Ａさんの死亡が業務外の原因によるものである場合、弔慰金等のう
ち、賞与以外の普通給与の半年分に相当する金額である300万円
（50万円×6カ月）までは、非課税となる。

3）死亡の原因に関係なく、受け取った弔慰金の全額が非課税となる。

4）弔慰金等の非課税額を超え、死亡退職金として取り扱われる部分の
金額については、死亡退職金の非課税金額の規定は適用されない。

・解説と解答・

　被相続人の死亡により相続人等が受ける弔慰金、花輪代、葬祭料等（以下、
「弔慰金等」という）は、本来、相続税の課税対象とならないが、死亡退職金
との区分が不明瞭なため、次の算式により計算した金額までを弔慰金等として
非課税とし、その金額を超える部分の金額は、死亡退職金に該当するものとし
て、取り扱われる。

・業務上の死亡の場合：賞与以外の普通給与※の3年分
・業務外の死亡の場合：賞与以外の普通給与※の半年分
　※俸給、給料、賃金、扶養手当、勤務地手当、特殊勤務地手当等の合計額

1）不適切である。業務上の死亡の場合、賞与以外の普通給与の3年分までの
金額は非課税とされ、それを超える部分は、死亡退職金とされる。

2）適切である。

3）不適切である。弔慰金の非課税額を超える部分は、死亡退職金とされる。

4）不適切である。死亡退職金として取り扱われる部分の金額については、他
の退職金と合わせて、死亡退職金の非課税金額の規定が適用される。

正解　2）

4-10　債務控除・葬式費用

《問》次の債務・葬式費用のうち、相続税の課税価格の計算上、相続財産
　　から控除できないものはどれか。
　1）被相続人が生前に取得した不動産購入時の未払金
　2）被相続人が生前に取得した墓地購入時の未払金
　3）被相続人の所得税の未払分
　4）葬儀の際に支払った寺院へのお布施・戒名料

・解説と解答・

　相続の際の債務・葬式費用には、控除対象となるものとならないものがある。
①控除できる債務
・差し引くことができるのは、被相続人が死亡したときにあった債務で確実と
　認められるもの（なお、被相続人に課される税金で被相続人の死亡後相続人
　などが納付または徴収されることになった所得税などの税金については被相
　続人が死亡したときに確定していないものであっても、債務として遺産総額
　から差し引くことができる）
②葬式費用
・葬式もしくは葬送に際し、またはこれらの前において、埋葬、火葬、納骨ま
　たは遺骨等の回送その他に要した費用（仮葬式と本葬式とを行うものにあっ
　ては、その両者の費用）
・葬式に際し、施与した金品で、被相続人の職業、財産その他の事情に照らし
　て相当程度と認められるものに要した費用
・葬式の前後に生じた出費で通常葬式に伴うものと認められるもの
・死体の捜索または死体もしくは遺骨の運搬に要した費用
　なお、香典返戻費用、墓碑および墓地の買入費ならびに墓地の借入料、法会
に要する費用などは、葬式費用とされない。
1）控除できる。
2）控除できない。墓地は相続税の非課税財産に該当する。よって、この非課
　　税財産の取得のための債務は債務控除の対象とはならない。
3）控除できる。
4）控除できる。葬儀の際にかかった費用は債務控除の対象となる。

<u>正解　2）</u>

4 − 11 相続開始前 7 年以内の贈与

《問》相続税の課税価格に加算される相続開始前 7 年以内の贈与財産に関する次の記述のうち、最も不適切なものはどれか。なお、相続時精算課税制度を適用している者はいないものとする。

1 ）相続または遺贈により財産を取得しなかった者が、相続開始前 7 年以内に被相続人から贈与を受けた財産の価額は、相続税の課税価格に加算されない。

2 ）相続開始前 7 年以内に被相続人から贈与を受けた財産であっても、贈与税の配偶者控除を受けた部分の金額は、相続税の課税価格に加算されない。

3 ）相続開始前 7 年以内に被相続人から贈与を受けた財産は、その価額が贈与税の基礎控除額110万円以内であっても、相続税の課税価格に加算される。

4 ）相続税の課税価格に加算される生前贈与財産の価額は、相続開始日における時価（相続税評価額）で評価する。

・解説と解答・

相続または遺贈により財産を取得した者が、相続開始前 7 年以内に被相続人から贈与を受けていた財産（特定贈与財産を除く）に限り、その贈与財産の価額（贈与時の価額）を相続税の課税価格に加算する。特定贈与財産とは、贈与税の配偶者控除の対象となった受贈財産のうち、その配偶者控除に相当する部分（最高2,000万円）をいう。

（注 1 ）相続開始の年に被相続人から贈与により取得した財産で、相続税の課税価格に加算するものは、その年の贈与税の課税価格には算入しない。

（注 2 ）加算する贈与財産に課税されていた贈与税は、算出した相続税額から控除（贈与税額控除）される。

（注 3 ）被相続人から相続または遺贈により財産を取得した者に限り、贈与財産を加算する。

（注 4 ）相続税の課税価格に加算した贈与財産の価額からは、債務控除はできない。

（注 5 ）2023年12月31日以前の贈与については、「相続開始前 3 年以内」の加算期間となる。また、延長した期間（ 4 年間）に受けた贈与のうち総額100万円

までは相続財産に加算しない。
1）適切である。
2）適切である。
3）適切である。なお、相続開始の7年前から4年前までの4年間に受けた贈
　　与のうち、総額100万円までは相続財産に加算しない。
4）不適切である。相続税の課税価格に加算される生前贈与財産の価額は、贈
　　与時の時価（相続税評価額）で評価する。

正解　4）

4－12　相続税の総額(1)

《問》2024年中に死亡したAさんには、相続人として妻Bさん、長男Cさん、養子Dさんがいる。課税価格の合計額が1億6,800万円である場合の相続税の総額として、次のうち最も適切なものはどれか。
1）1,800万円
2）1,900万円
3）2,500万円
4）3,100万円

（参考）相続税の速算表（一部抜粋）

法定相続分に応ずる取得金額		税率	控除額
	1,000万円以下	10%	―
1,000万円超	3,000万円以下	15%	50万円
3,000万円超	5,000万円以下	20%	200万円
5,000万円超	1億円以下	30%	700万円
1億円超	2億円以下	40%	1,700万円

解説と解答

・課税価格の合計額：1億6,800万円
・基礎控除額　　　：3,000万円＋（600万円×3人）＝4,800万円
・課税遺産総額　　：1億6,800万円－4,800万円＝1億2,000万円
・相続税の総額：
　妻B　：1億2,000万円×1／2＝6,000万円
　長男C：1億2,000万円×1／4＝3,000万円
　養子D：1億2,000万円×1／4＝3,000万円
　妻B　：　6,000万円×30%－700万円＝1,100万円
　長男C：　3,000万円×15%－　50万円＝　400万円
　養子D：　3,000万円×15%－　50万円＝　400万円
∴　1,100万円＋（400万円×2人）＝1,900万円

<u>正解　2）</u>

4－13　相続税の総額⑵

《問》　Aさんの法定相続人は妻B、長男C、長女Dの3人である。仮に
　　　Aさんが死亡して、妻Bの課税価格を1億円、長男Cの課税価格を
　　　5,000万円、長女D（相続放棄）の課税価格を「0」とした場合に
　　　おける相続税の総額は、次のうちどれか。
　1）1,495万円
　2）1,630万円
　3）2,380万円
　4）4,300万円
　　　（注）相続税の速算表は4－12を参照。

● 解説と解答 ●

・課税価格の合計額　　1億円＋5,000万円＝1億5,000万円
・基礎控除額
　3,000万円＋600万円×3人※＝4,800万円
　　　※相続の放棄があった場合にもその放棄がなかったものとして数える。
・課税遺産総額　　　　1億5,000万円－4,800万円＝1億200万円
・相続税の総額
　　妻B　　1億200万円×1／2＝5,100万円
　　長男C　1億200万円×1／4＝2,550万円
　　長女D　1億200万円×1／4＝2,550万円
　　妻B　　5,100万円×30％－700万円＝830万円
　　長男C　2,550万円×15％－50万円＝332.5万円
　　長女D　2,550万円×15％－50万円＝332.5万円
　　∴　830万円＋332.5万円×2人＝1,495万円

正解　1）

4－14　配偶者に対する相続税額の軽減(1)

> 《問》相続税における配偶者の税額軽減に関する次の記述のうち、最も適
> 　　切なものはどれか。
> 　1）相続税の申告書の提出期限において遺産分割が終了しておらず、配
> 　　偶者の取得分が未確定の場合は、法定相続分相当額を取得分と仮定
> 　　して配偶者の税額軽減を適用する。
> 　2）婚姻の届出をしている者であれば、婚姻期間にかかわらず、配偶者
> 　　の税額軽減の適用を受けることができる。
> 　3）配偶者の税額軽減の適用を受けることにより納付税額がゼロになる
> 　　場合は、相続税の申告は不要である。
> 　4）相続人が配偶者のみのため、被相続人の遺産のすべてを配偶者が相
> 　　続した場合、相続財産が1億6,000万円を超えると、配偶者の税額
> 　　軽減の適用を受けても納付税額が生じる。

・解説と解答・

1）不適切である。配偶者の税額軽減の適用を受けるためには、原則として配
　偶者の取得分が確定している必要がある。
2）適切である。
3）不適切である。配偶者の税額軽減の適用を受けるためには、納付税額がゼ
　ロになる場合でも相続税の申告を行う必要がある。
4）不適切である。相続人が配偶者のみの場合、法定相続分は1であり、全財
　産を相続しても法定相続分以下となり、相続税は課税されない。

正解　2）

4－15　配偶者に対する相続税額の軽減⑵

《問》相続税において「配偶者の税額軽減」の適用を受けた場合の税額軽減額の算式として、次のうち最も適切なものはどれか。

- 相続人　　　妻、被相続人の弟の合計2人（子および両親はいない）
- 各人の相続税の課税価格
  　妻　　　　　　　　　2億円
  　弟　　　　　　　5,000万円
- 相続税の総額　　　　5,400万円
- 妻の算出相続税額　　4,320万円

1）$5,400万円 \times \dfrac{1億6,000万円}{2億5,000万円} = 3,456万円$

2）$5,400万円 \times \dfrac{1億2,500万円}{2億5,000万円} = 2,700万円$

3）$4,320万円 \times \dfrac{1億6,000万円}{2億5,000万円} = 2,764.8万円$

4）$5,400万円 \times \dfrac{1億8,750万円}{2億5,000万円} = 4,050万円$

・解説と解答・

$$相続税の総額 \times \dfrac{A}{相続税の課税価額の合計額 B}$$

Aは次の①、②の少ない方

①B×配偶者の法定相続分（1億6,000万円の方が大きいときは、1億6,000万円）

②配偶者の課税価格

設問の場合は次のようになる。

①　$2億5,000万円 \times \dfrac{3}{4} = 1億8,750万円 > 1億6,000万円　\therefore 1億8,750万円$

②　2億円

よって、税額軽減額は次の通りである。

$$5,400万円 \times \dfrac{1億8,750万円}{2億5,000万円} = 4,050万円$$

<u>正解　4）</u>

〈相続税の各種税額控除〉

暦年課税分の贈与税額控除	相続または遺贈により財産を取得した者が、相続開始前7年以内（2023年12月までの贈与は3年以内）に被相続人から贈与を受けていた財産の価額は、その者の相続税の課税価格に加算して相続税を計算することから、加算した贈与財産に課税されていた贈与税相当額を算出税額（相続税額の加算をした後の税額）から控除する。
配偶者に対する相続税額の軽減	被相続人の配偶者については、その課税価格が、課税価格の合計額のうち配偶者に係る法定相続分相当額までである場合、または、1億6,000万円以下である場合には、税額控除により納付すべき相続税額が算出されないこととされている。
未成年者控除	相続または遺贈により財産を取得した者が、被相続人の法定相続人で、かつ、未成年者である場合には、その者の算出税額から満18歳に達するまでの1年につき10万円を乗じた金額を控除する。
障害者控除	相続または遺贈により財産を取得した者が、被相続人の法定相続人で、かつ、85歳未満の障害者である場合には、その者の算出税額から満85歳に達するまでの1年につき10万円（特別障害者は20万円）を乗じた金額を控除する。
相次相続控除	10年以内に2回以上相続が開始し、相続税が課せられる場合には、前回の相続につき課せられた税額の一定割合相当額を、後の相続の際に課せられる相続税額から控除できる。適用対象者は、被相続人の民法上の相続人で、相続放棄者や相続権を失ったものには適用がない。
在外財産に対する相続税額の控除（外国税額控除）	相続または遺贈により法施行地外にある財産を取得した場合において、その財産に対して外国の法令により我が国の相続税に相当する税が課せられたときには、その課せられた相続税に相当する金額は、その者の算出税額から控除する。
相続時精算課税制度贈与税額の控除	相続時精算課税の適用を受ける財産につき課せられた贈与税相当額は、相続税額から控除する。

4－16　相続税額の2割加算

《問》被相続人Aさんの親族関係図は、下記のとおりである。Aさんに係る相続により妻Bさん、長男Cさん、孫Fさんの3人が財産を取得した場合、相続税額の計算上、2割加算の対象となる者は、次のうちどれか。なお、①、②の条件を考慮すること。

①二男Dは、Aの相続開始前に既に死亡している。
②孫Fは、Aと養子縁組をしている。

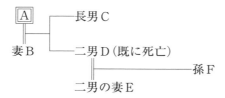

1）対象者なし
2）長男C
3）孫F
4）長男Cと孫F

● 解説と解答 ●

　相続や遺贈により財産を取得した者が、その相続人の一親等の血族（父母、子（代襲相続人を含む））および配偶者以外の者である場合は、その者の算出相続税額にその税額の2割相当額を加算した金額が納付すべき相続税額となる。

　なお、被相続人の養子となった被相続人の孫（代襲相続人である者を除く）もこの2割加算の対象となる。

正解　1）

4 −17　相続税の申告と納付(1)

《問》相続税の申告に関する次の記述のうち、最も不適切なものはどれ
　　か。
　1 ）相続税の申告義務のある者は、原則として、相続開始があったこと
　　　を知った日の翌日から 6 カ月以内に申告書を提出しなければならな
　　　い。
　2 ）相続税の申告書は、原則として、その被相続人の死亡の時における
　　　住所地を管轄する税務署長に提出する。
　3 ）相続税の課税価格の合計額が遺産に係る基礎控除額以内の場合に
　　　は、原則として、相続税の申告は不要である。
　4 ）小規模宅地等についての相続税の課税価格の計算の特例の適用を受
　　　ける場合には、相続税の申告書に一定の書類を添付して税務署長に
　　　提出する。

・解説と解答・

1 ）不適切である。相続開始があったことを知った日の翌日から10カ月以内に
　　申告書を提出しなければならない。
2 ）適切である。
3 ）適切である。相続税の申告と納税は、相続または遺贈により取得した財産
　　（被相続人の死亡前 7 年以内に被相続人から贈与により取得した財産を含
　　む）および相続時精算課税の適用を受けて贈与により取得した財産の額
　　（相続時精算課税に係る贈与については、贈与時の価額）の合計額が遺産
　　に係る基礎控除額を超える場合に必要となる。なお、2023年12月31日以前
　　の贈与については、「相続開始前 3 年以内」の加算期間となる。また、延
　　長した期間（ 4 年間）に受けた贈与のうち、総額100万円までは相続財産
　　に加算しない。なお、相続時清算課税制度については、2024年 1 月 1 日以
　　降の贈与から110万円の基礎控除が設けられ、110万円以下の贈与は贈与税
　　申告が不要となっており、相続税の計算においても、110万円以下の贈与
　　は相続財産に加算する必要はない。
4 ）適切である。小規模宅地等の評価減の特例および配偶者に対する相続税額
　　の軽減は、相続税の申告をしなければ適用を受けることができない。

正解　1 ）

4－18 相続税の申告と納付(2)

《問》相続税の延納に関する次の記述のうち、最も不適切なものはどれ
か。
1) 相続税は、納付すべき税額の多寡にかかわらず、延納が認められ
る。
2) 相続税の延納をする際には、相続税の納期限までに延納申請書を提
出し、管轄税務署長の許可を受けなければならない。
3) 延納税額が100万円超、または、延納期間が 3 年を超える場合には、
担保を供する必要がある。
4) 相続税の延納税額に対しては、所定の利子税が課せられる。

・解説と解答・

国税は、金銭で一時に納付することが原則であるが、相続税額が10万円を超
え、金銭で納付することを困難とする事由がある場合には、納税者の申請によ
り、その納付を困難とする金額を限度として、担保を提供することにより、年
賦で納付することができる（延納）。この延納期間中は利子税の納付が必要と
なる。
1) 不適切である。納付すべき相続税額が10万円を超える場合に、延納が認め
られる。
2) 適切である。
3) 適切である。延納税額が100万円以下で、かつ、延納期間が 3 年以下の場
合には、担保を供する必要はない。
4) 適切である。

正解　1)

4－19　相続税の申告と納付(3)

《問》相続税の物納に関する次の記述のうち、最も適切なものはどれか。
1）相続税の物納の場合、相続税の納期限または納付すべき日までに物納申請書等を提出しなければならない。
2）相続税を金銭で納付することが十分に可能な場合でも、その相続税の一部を物納することができる。
3）相続税の物納が認められる財産については、相続財産であればすべてが対象となる。
4）物納が認められる財産が、たとえば国債と上場されていない株式など2種類以上ある場合には、どちらを物納するかについては、納税者が自由に選ぶことができる。

・解説と解答・

1）適切である。
2）不適切である。物納は、相続税を金銭で納めることが困難である場合に認められる。よって、金銭で納付することが十分に可能な場合には認められない。
3）不適切である。物納が認められる財産は、相続または遺贈により取得した財産で、国内にあるものである。ただし、担保権の設定されている不動産等はこれに含めることはできない。
4）不適切である。物納が認められる財産が2種類以上ある場合は、その順位は納税者が自由に決められず、原則として以下の順位に従って物納に充当しなければならない。
　　第1順位：国債・地方債および不動産・船舶・上場されている株式・社債・証券投資信託等の受益証券等
　　第2順位：上場されていない社債・株式・証券投資信託または貸付信託の受益証券
　　第3順位：動産

正解　1）

4－20 贈与税の計算

《問》 Aさん（23歳）は、2024年中に、次の〈資料〉のとおり金銭の贈与
等を受けた。この場合の基礎控除後の課税価格として、次のうち最
も適切なものはどれか。なお、Aさんは贈与税の特例をいっさい適
用しておらず、また、資力を喪失して債務を弁済することが困難な
状況にはないものとする。

〈資料〉

① 祖父から時価700万円の土地を100万円で購入した（当該取引は
低額譲渡に該当する）。
② 父からの借入金200万円について、債務免除してもらった。
③ 母からの贈与として現金100万円を受領した。

1) 790万円
2) 700万円
3) 300万円
4) 100万円

● 解説と解答 ●

①について、親族から土地・建物等の低額譲渡を受けた場合は、時価と対価
の差額が実質的な贈与とみなされ、贈与税の課税対象となる。

②について、債務者が資力を喪失している場合を除き、債務免除額は贈与さ
れたものとみなされ、贈与税の課税対象となる。

したがって、本問における贈与税の課税財産は①～③すべてとなる。

また、直系尊属からの贈与のため、特例贈与財産に該当する。

Aさんの基礎控除後の課税価格は

（700万円－100万円）＋200万円＋100万円－110万円＝790万円

贈与税額は　790万円×30％－90万円＝147万円

正解　1)

4-21　みなし贈与財産

《問》贈与税に関する次の記述のうち、最も不適切なものはどれか。
1）被保険者が母、保険契約者（＝保険料負担者）が父、受取人が子である生命保険契約について、母の死亡により子が受け取った死亡保険金は、贈与税の課税対象となる。
2）親子間で著しく低い対価により資産の売買が行われた場合、その資産の時価と売買価額との差額は、原則として贈与税の課税対象となる。
3）個人年金保険の保険契約者（＝保険料負担者）が夫、年金の受取人が妻である場合には、年金の支払開始時に年金受給権の評価額の一定割合が妻に対する贈与税の課税対象となるため、その後、妻が毎年受け取る年金は所得税の課税対象とはならない。
4）子が資力を喪失し債務を弁済することが困難であるため、親によりその債務の引受がなされたときは、その困難である部分の金額は贈与税の課税対象にならないことがある。

解説と解答

　相続税法においては、法律的には贈与により取得したとはいえないが、財産を取得した事実や経済的な利益を受けた事実によって、実質的に贈与と同様の経済効果が生ずる場合には、税負担の公平の見地から、その取得した財産を贈与により取得したものとみなして贈与税の課税財産とする旨が規定されている。
1）適切である。
2）適切である。
3）不適切である。その後、妻が毎年受け取る年金は、課税部分と非課税部分に振り分け、課税部分（課税部分の年金収入額－課税部分の支払保険料）にのみ雑所得として所得税および住民税を課税する。
4）適切である。

正解　3）

4-22 贈与税の配偶者控除(1)

《問》贈与税の配偶者控除（以下、「本制度」という）の適用要件等に関する次の記述のうち、最も不適切なものはどれか。
1) 本制度の適用対象となる贈与財産は、居住用不動産または居住用不動産を取得するための金銭である。
2) 贈与財産が店舗併用住宅の場合は、原則として居住用部分のみが本制度の対象になるが、居住用部分の割合が75％以上であるときは、全体を居住用財産として本制度の適用を受けることができる。
3) 贈与時点における婚姻期間が20年未満の場合は、本制度の適用を受けることはできない。
4) 本制度の適用を受けることにより贈与税額がゼロになる場合であっても、贈与税の申告書を提出しなければならない。

・解説と解答・

1) 適切である。居住用不動産は、贈与を受けた配偶者が居住するための国内の家屋またはその家屋の敷地で、敷地には借地権も含まれる。なお、居住用家屋とその敷地は一括して贈与を受ける必要はない。したがって、居住用家屋のみまたは居住用家屋の敷地のみ贈与を受けた場合も配偶者控除を適用できる。この居住用家屋の敷地のみの贈与について配偶者控除を適用する場合には、夫または妻が居住用家屋を所有していること、または、贈与を受けた配偶者と同居する親族が居住用家屋を所有していることに該当する必要がある。
2) 不適切である。居住用部分の面積が、贈与された土地または建物の総面積の90％以上であるときは、全体を居住用財産として本制度を適用することができる。
3) 適切である。
4) 適切である。

正解 2)

4-23　贈与税の配偶者控除(2)

《問》2024年中に、Aさんは妻Bさんに下記のとおり自宅の土地と建物を贈与した。Bさんが贈与税の配偶者控除の適用を受けた場合、Bさんが納付すべき贈与税額として最も適切なものは、次のうちどれか。なお、下記以外のことは考慮しないこととする。

・土地（相続税評価額＝6,000万円）の持分3分の1
・家屋（固定資産税評価額＝2,000万円）の持分2分の1

●贈与税の速算表（抜すい）

基礎控除後の課税価格	一般贈与財産	
	税　率	控除額
200万円超　　　300万円以下	15%	10万円
300万円超　　　400万円以下	20%	25万円
400万円超　　　600万円以下	30%	65万円
600万円超　1,000万円以下	40%	125万円

1）231万円
2）275万円
3）1,220万円
4）1,275万円

・解説と解答・

① 課税価格
（6,000万円×1/3＋2,000万円×1/2）－配偶者控除2,000万円－基礎控除110万円＝890万円
② 贈与税額
890万円×40％－125万円＝231万円

正解　1）

4－24　相続時精算課税制度(1)

《問》2024年中の相続時精算課税制度に関する次の記述のうち、最も適切なものはどれか。

1） 父親からの贈与について相続時精算課税制度を選択した場合、母親からの贈与について、暦年課税とすることはできない。

2） 父親と母親の両方からの贈与について相続時精算課税制度を選択した場合の贈与税の特別控除額は、父親からの贈与分と母親からの贈与分との合計で2,500万円である。

3） 相続時精算課税制度を選択した場合の贈与税額は、贈与金額から特別控除額を控除した後の金額に、一律10％の税率を乗じて計算した金額である。

4） 父親からの贈与について、長男が相続時精算課税制度を選択した場合、二男は父親からの贈与について暦年課税とすることができる。

●解説と解答●

　相続時精算課税の制度とは、原則として60歳以上の父母または祖父母などから、18歳以上の子または孫などに対し、財産を贈与した場合において選択できる贈与税の制度である。この制度を選択する場合には、一定の書類を添付した贈与税の申告書を提出する必要がある。また、この制度の贈与者である父母または祖父母などが亡くなった時の相続税の計算上、相続財産の価額にこの制度を適用した贈与財産の価額（贈与時の時価）を加算して相続税額を計算する。

　これまで暦年贈与と違い相続時精算課税には110万円の基礎控除はなかったが、2024年1月1日以降の贈与から110万円の相続時精算課税制度の基礎控除が設けられ、110万円以下の贈与は贈与税申告が不要となっている。また、相続税の計算においても、110万円以下の贈与は相続財産に加算する必要はない。

1） 不適切である。相続時精算課税制度は贈与者ごとに選択できる。

2） 不適切である。父親からの贈与について2,500万円、母親からの贈与について2,500万円の特別控除がある。

3） 不適切である。税率は20％である。

4） 適切である。相続時精算課税制度は、受贈者である子ごとに選択できる。

正解　4）

4 −25　相続時精算課税制度(2)

《問》2024年中の相続時精算課税制度に関する次の記述のうち、最も適切なものはどれか。
1 ）父からの贈与につき相続時精算課税を選択した者は、父以外の者からの贈与についても、暦年課税制度の基礎控除額（年間110万円）を控除することはできない。
2 ）相続時精算課税の適用対象となるのは、原則として、贈与者が60歳以上の親、受贈者が16歳以上の子である推定相続人である。
3 ）母からの贈与について初めて相続時精算課税を選択し、現金4,000万円の贈与を受けた場合、この贈与に係る贈与税額は150万円である。
4 ）相続時精算課税を選択しようとする受贈者は、その選択に係る最初の贈与を受けた年の翌年 2 月 1 日から 3 月15日までの間に、所轄税務署長にその旨の届出をしなければならない。

・ 解説と解答 ・

1 ）不適切である。相続時精算課税制度に係る贈与者である親（本問の父）からの贈与について、清算課税の基礎控除110万円は控除し、その者以外の者からの贈与については、暦年課税制度により贈与税を計算する。2024年 1 月 1 日以降の贈与から110万円の相続時精算課税制度の基礎控除が設けられ、110万円以下の贈与は贈与税申告が不要となっている。また、相続税の計算においても、110万円以下の贈与は相続財産に加算する必要はない。
2 ）不適切である。受贈者は18歳以上の推定相続人と孫である。
3 ）不適切である。（4,000万円−特別控除額2,500万円−基礎控除110万円）×20％＝278万円。
4 ）適切である。選択する最初の贈与を受けた年の翌年 2 月 1 日から 3 月15日までの間に、贈与税の申告書にその旨の届出書を添付して所轄税務署長に提出する。

正解　4 ）

4－26　住宅取得等資金の贈与

《問》「直系尊属から住宅取得等資金を受けた場合の贈与税の非課税」（以下、「本特例」という）に関する次の記述のうち、最も不適切なものはどれか。

1）本特例の対象となる贈与者は、受贈者の直系尊属に限られ、兄弟姉妹や配偶者の父母からの贈与については適用の対象とならない。
2）本特例の適用を受けるためには、贈与を受けた年の翌年3月15日までに居住用家屋の取得等をする必要がある。
3）本特例の適用を受けるにあたっては、暦年課税、相続時精算課税のいずれの場合にも適用を受けることができる。
4）本特例は、贈与された資金を既存の住宅ローンの返済に充てた場合にも適用される。

・解説と解答・

　2024年1月1日から2026年12月31日までの間に、父母や祖父母など直系尊属からの贈与により、自己の居住の用に供する住宅用の家屋の新築、取得または増改築等の対価に充てるための金銭を取得した場合において、一定の要件を満たすときは、非課税限度額（贈与を受けた者ごとに省エネ等住宅の場合には1,000万円、それ以外の住宅の場合には500万円）までの金額について、贈与税が非課税となる。

1）適切である。
2）適切である。
3）適切である。
4）不適切である。贈与された資金を既存の住宅ローンの返済に充てた場合は適用対象外となる。

正解　4）

4 −27　結婚・子育て資金の贈与

《問》直系尊属から結婚・子育て資金の一括贈与を受けた場合の贈与税の
非課税（以下、「本制度」という）に関する次の記述のうち、最も
適切なものはどれか。
1 ）本制度の受贈者となる者の年齢は、結婚・子育て資金管理契約を締
結する日において18歳以上30歳未満に限られる。
2 ）本制度において適用を受けることができる非課税拠出額の限度額
は、結婚資金と子育て資金について、合わせて2,000万円である。
3 ）本制度における贈与者は、受贈者およびその配偶者の父母または祖
父母に限られる。
4 ）結婚・子育て資金管理契約終了の日までの間に贈与者が死亡した場
合、その贈与者の死亡の日における非課税拠出額から結婚・子育て
資金支出額を控除した残額について、相続税の課税価格に加算す
る。

・解説と解答・

　2015年 4 月 1 日から2025年 3 月31日までの間に、結婚・子育て資金管理契約
を締結する日において18歳以上50歳未満の受贈者が、結婚・子育て資金に充て
るため、金融機関等とのその結婚・子育て資金管理契約に基づき、受贈者の直
系尊属である贈与者から信託受益権を付与された場合、書面による贈与により
取得した金銭を銀行等に預入をした場合または書面による贈与により取得した
金銭等で証券会社等で有価証券を購入した場合には、信託受益権または金銭等
の価額のうち1,000万円までの金額に相当する部分の価額については、取扱金
融機関の営業所等を経由して結婚・子育て資金非課税申告書を提出することに
より贈与税が非課税となる。
1 ）不適切である。「18歳以上50歳未満」である。
2 ）不適切である。本制度において適用を受けることができる非課税拠出額の
限度額は、結婚資金と子育て資金について、合わせて1,000万円である。
3 ）不適切である。本制度における贈与者は、受贈者の直系尊属に限られる。
4 ）適切である。

正解　4 ）

4 −28　贈与税の申告と納付

《問》贈与税の納付に関する次の記述のうち、最も不適切なものはどれか。

1）贈与税は、申告期限までに、納付すべき税額の全額を金銭で一時に納付することが原則である。
2）贈与税の延納期間は、5年以内である。
3）延納を申請する場合には、贈与を受けた年の12月31日までに延納申請書を提出しなければならない。
4）贈与税では、物納は認められていない。

・解説と解答・

　贈与税の申告と納付は、贈与を受けた年の翌年の2月1日から3月15日までにしなければならない。納税については、贈与税額が10万円を超え、かつ、納期限（納付すべき日）までに金銭で納付することを困難とする事由があるときは、申請により、その納付を困難とする金額を限度として、5年以内の年賦で納める延納制度がある。この場合には利子税がかかるほか、原則として担保の提供が必要となる。贈与税については、財産の贈与者と被贈与者は、連帯納付の義務がある。贈与税の納税義務者は、贈与により財産を取得した個人であり、その納税義務は、贈与により財産を取得した時に成立する。贈与税の納税義務者は、財産取得の時の住所、日本国籍の有無などにより、居住無制限納税義務者、非居住無制限納税義務者、居住制限納税義務者または非居住制限納税義務者に区分され、その区分に基づき贈与税の課税財産の範囲が異なる。

1）適切である。
2）適切である。
3）不適切である。延納を申請する場合には、贈与税の納期限までに延納申請書を提出しなければならない。
4）適切である。

正解　3）

4−29　贈与税の課税財産

《問》贈与税に関する次の記述のうち、最も不適切なものはどれか。
1）個人が法人からの贈与により取得した財産は、贈与税の非課税財産である。
2）親族間で著しく低い対価で財産の譲渡を行った場合、「譲渡財産の時価」と「譲渡対価」の差額が贈与税の課税対象となる。
3）親が学生である子に日常生活を営むために必要な現金を毎月仕送りする場合、その現金は贈与税の課税対象とはならない。
4）相続または遺贈により財産を取得した者が、相続があった年に被相続人から贈与を受けた財産は、贈与税の課税対象となる。

・解説と解答・

　贈与税の課税財産には、本来の贈与財産とみなし贈与財産がある。贈与契約によって取得した財産を、一般に本来の贈与財産という。この場合の財産とは、金銭で見積もることができる経済的価値のあるすべてのものをいい、①土地、立木、現金の所有権などの物権、②貸付金、売掛金などの債権、③著作権、商標権などの無体財産権のほか、④信託受益権など法律の根拠を有する権利および⑤営業権のような法律の根拠を有しないものであっても経済的価値の認められるものも含まれる。また、主なみなし贈与財産には、①生命保険金等、②定期金に関する権利、③財産の低額譲受による利益、④債務免除等による利益、⑤その他の利益の享受、⑥信託に関する権利、⑦特別の法人（持分の定めのない法人）から受ける特別の利益などがある。

1）適切である。法人には「相続」が起こらないため、法人からの贈与財産には贈与税は課税されない。ただし、一時所得または給与所得として所得税・住民税の課税対象となる。
2）適切である。親族間での低額譲渡は、実質的な贈与とみなされる。
3）適切である。
4）不適切である。相続または遺贈により財産を取得した者で、その相続があった年に被相続人から贈与を受けた財産については相続税が課税されるため、贈与税は課税されない。

正解　4）

4-30　土地・建物の評価

> 《問》相続税における土地・建物（居住用の区分所有財産以外）の評価に
>   関する次の記述のうち、最も適切なものはどれか。
> 1）貸宅地は、「自用地評価額×借地権割合」の算式により評価する。
> 2）貸家建付地は、「自用地評価額×（1−借地権割合×賃貸割合）」の
>   算式により評価する。
> 3）貸家は、「固定資産税評価額×（1−借家権割合×賃貸割合）」の算
>   式により評価する。
> 4）倍率方式により評価する宅地の価額は、「宅地の時価×倍率」の算
>   式により算出される。

・解説と解答・

1）不適切である。貸宅地とは、借地権など宅地の上に存する権利の目的とな
  っている宅地をいう。貸宅地は、「自用地評価額×（1−借地権割合）」の
  算式により評価する。

2）不適切である。貸家建付地とは、貸家の敷地の用に供されている宅地、す
  なわち、所有する土地に建築した家屋を他に貸し付けている場合の、その
  土地のことをいう。貸家建付地は、「自用地評価額×（1−借地権割合×借
  家権割合×賃貸割合）」の算式により評価する。

3）適切である。貸家とは、所有者以外の者が使用している建物または登記の
  ある賃借権の目的となっている建物をいう。使用貸借により貸し付けられ
  ている土地等を相続により取得した場合には、その土地等は自用地として
  の価額で評価する。また、その家屋が専ら賃貸用として新築されたもので
  あっても、課税時期において現実に貸し付けられていない家屋（空き家）
  の敷地については、自用地としての価額で評価する。

4）不適切である。土地は、原則として、宅地、田、畑、山林などの地目ごと
  に評価し、評価方法には、路線価方式と倍率方式がある。路線価方式にお
  ける土地の価額は、路線価をその土地の形状等に応じた奥行価格補正率な
  どの各種補正率で補正した後に、その土地の面積を乗じて計算する。倍率
  方式による宅地の価額は「固定資産税評価額×倍率」により評価する。

正解　3）

4 － 31　小規模宅地等の評価減

《問》 Aさんは2024年 4 月に死亡した。相続財産のうち土地と建物はＡさ
んが居住していた甲市所在の土地・建物のみである。土地の面積
は 200m^2 で、家屋にはＡさんとその妻および二女の 3 人が住んで
いた。長女（生計別）は乙市に 1 人で住んでいた。
　この場合の小規模宅地等の評価減の特例に関する次の記述のうち、
最も適切なものはどれか。
1 ）妻が取得した場合、相続税の申告期限までにこの土地・家屋を売却
してしまったときの減額割合は、50％である。
2 ）二女が単独で取得した場合、相続税の申告期限まで引続き居住し、
かつ保有しているときの減額割合は、80％である。
3 ）長女が単独で取得した場合、相続税の申告期限までにこの家屋に居
住し、かつ、保有しているときの減額割合は、80％である。
4 ）二女が単独で取得した場合、相続税の申告期限までにこの土地・家
屋を売却してしまったときの減額割合は、50％である。

・解説と解答・

　被相続人の居住用の宅地で、一定の要件が整えば減額割合は80％となる。
80％の評価減ができる場合の主な要件は次のとおりである。
① 　配偶者が取得した場合（この場合は無条件）、80％減額することができる。
　したがって、 1 ）は不適切である。
② 　被相続人と同居していた法定相続人（配偶者を除く）が取得、申告期限ま
　で引続き居住し、かつ、保有している場合。したがって、 2 ）は適切であ
　る。
③ 　配偶者や同居の親族がいない場合で、相続開始前 3 年以内に国内にある 3
　親等内の親族等が所有する家屋に居住したことがない親族、相続開始時にお
　いて居住している家屋を過去に所有していたことがない親族が取得、申告期
　限まで引続き保有している場合。
　なお、 3 ）は、同居親族でないので適用対象外、 4 ）は申告期限まで居住し
保有していないので適用対象外である。

<u>正解　 2 ）</u>

4－32 生命保険契約に関する権利

《問》下記の生命保険契約に関する次の記述のうち、最も適切なものはどれか。

- ・保険契約者＝保険料負担者：Ａさん
- ・被保険者：Ａさんの妻Ｂさん
- ・保険金受取人：Ａさん
- ・死亡保険金の額：2,000万円
- ・払込保険料の合計額：500万円（年払い方式）
- ・解約返戻金相当額：700万円

1）現時点でＡさんが死亡した場合には、生命保険契約に関する権利の評価額は700万円として相続税の課税対象となる。
2）現時点でＡさんが死亡した場合には、生命保険契約に関する権利の評価額は310万円として相続税の課税対象となる。
3）現時点でＡさんが死亡した場合には、生命保険契約に関する権利の評価額は500万円として相続税の課税対象となる。
4）Ａさんの妻Ｂさんが死亡した場合には、Ａさんが受け取る死亡保険金は相続税の課税対象となる。

● 解説と解答 ●

1）適切である。生命保険契約に関する権利の評価は、原則として時価つまり解約返戻金相当額とされる。
2）不適切である。解約返戻金相当額700万円である。
3）不適切である。解約返戻金の額（700万円）が、生命保険契約に関する権利の評価額となり、相続税の対象となる。
4）不適切である。相続税の課税対象となる生命保険金は、保険料負担者が被相続人となっている生命保険契約で、その被相続人の死亡により保険金受取人が受け取った死亡保険金である。設問の場合には一時所得として所得税・住民税の課税対象となる。

正解 1）

4－33　財産評価（不動産以外）

《問》相続税における財産評価に関する次の記述のうち、最も不適切なものはどれか。

1）取引相場のあるゴルフ会員権（預託金はない）は、「課税時期の通常の取引価額×0.7」により評価する。

2）定期預金は、「預貯金の預入高＋既経過利子の額－源泉所得税額」により評価する。

3）取引相場のない株式は、相続や贈与などで株式を取得した株主が、その株式を発行した会社の経営支配力を持っている同族株主等か、それ以外の株主かの区分により、類似業種比準方式か純資産価額方式のいずれかにより評価する。

4）生命保険契約に関する権利は、解約返戻金相当額により評価する。

・解説と解答・

1）適切である。取引相場のあるゴルフ会員権（預託金はない）は、「課税時期の通常の取引価額×0.7」により評価する。この場合において、取引価格に含まれない預託金等があるときは、所定の金額との合計額によって評価する。株式の所有を必要とせず、かつ、譲渡できない会員権で、返還を受けることができる預託金等がなく、ゴルフ場施設を利用して、単にプレーができるだけのものについては評価しない。

2）適切である。定期預金は、「預貯金の預入高＋既経過利子の額－源泉所得税額」により評価する。

3）不適切である。取引相場のない株式は、相続や贈与などで株式を取得した株主が、その株式を発行した会社の経営支配力を持っている同族株主等か、それ以外の株主かの区分により、それぞれ原則的評価方式または特例的な評価方式である配当還元方式により評価する。

4）適切である。相続開始の時において、まだ保険事故が発生していない生命保険契約に関する権利の価額は、相続開始の時においてその契約を解約するとした場合に支払われることとなる解約返戻金の額によって評価する。

正解　3）

4 −34　上場株式の評価

《問》　Aさんは2024年9月10日に死亡した。Aさんが所有していた甲社株
　　　式（上場株式）の相続税評価額として最も適切なものは、次のうち
　　　どれか。

〈資料〉甲社株式の株価

> ・2024年7月中の最終価格の平均額…1,350円
> ・2024年8月中の最終価格の平均額…1,400円
> ・2024年9月中の最終価格の平均額…1,450円
> ・2024年9月10日の最終価格　　…1,500円

1）1,350円
2）1,400円
3）1,450円
4）1,500円

・解説と解答・

　上場株式の評価は、「課税時期の最終価格」、「課税時期の属する月の毎日の
最終価格の月平均額」、「課税時期の属する月の前月の毎日の最終価格の月平均
額」、「課税時期の属する月の前々月の毎日の最終価格の月平均額」のうち、最
も低い価額により評価する。したがって、設問の場合、1,350円が相続税にお
ける評価額となる。

正解　1）

第5章

法人税等

5-1 法人税の納税義務

《問》各事業年度の所得に対する法人税の課税対象の範囲に関する次の記述のうち、最も不適切なものはどれか。
1) 外国法人が日本国外で得た所得については、法人税は課税されない。
2) 内国法人である普通法人は、国内のほか国外で得た所得についても法人税が課税される。
3) 内国法人である公益法人等は、非収益事業から得る所得のほか、収益事業から生じた所得についても法人税が課税されない。
4) 内国法人である協同組合等は、国内のほか国外で得た所得についても法人税が課税される。

・解説と解答・

　法人税は、原則として各事業年度の所得に対して課税される。法人は、一定の期間ごとに損益を決算によって確定し、これに基づいて、剰余金の配当等を行うこととなる。この損益を計算する期間を一般に会計期間や会計年度という。法人税法では、このような会計期間が法人の定款等や法令で定められているときには、これを「事業年度」とし、この期間ごとに課税所得を計算することとしている。法人税の納税義務は、各事業年度の終了の時に成立するが、具体的に納付すべき法人税の額は、法人税法が定める租税債務の額の確定手続としての納税申告書（確定申告書、中間申告書等）を法人が提出することにより確定する。法人は、事業年度が終了した後に決算を行い、株主総会等の承認を受け、その承認を受けた決算（確定決算）に基づいて所得金額や法人税額等、法人税法に定められた事項を記載した申告書を作成し、これを納税地の所轄税務署長に提出しなければならない。この手続を確定申告という。内国法人の法人税の納税地は、原則として、その本店または主たる事務所の所在地である。

　内国法人とは、日本国内に本店または主たる事務所を有する法人をいい、原則として、国内・国外で得たすべての所得（全世界所得）が法人税の課税対象になる。外国法人とは、内国法人以外の法人をいい、日本国内で得た所得についてのみが課税対象となる。

　内国法人は、①公共法人（地方公共団体、日本放送協会など）、②公益法人等（宗教法人、学校法人など）、③協同組合等（農業協同組合、信用金庫な

ど）、④人格のない社団等（PTA，同窓会など）、⑤普通法人（株式会社、合名会社、医療法人など）に分けられ、それぞれの課税対象は以下のとおりである。

	法人の種類	各事業年度の所得
内国法人	公共法人	納税義務なし
	公益法人等	収益事業から生じた所得について課税
	協同組合等	すべての所得について課税
	人格のない社団等	収益事業から生じた所得について課税
	普通法人	すべての所得について課税
外国法人	公共法人	納税義務なし
	公益法人等	収益事業から生じた国内源泉所得について課税
	人格のない社団等	収益事業から生じた国内源泉所得について課税
	普通法人	国内源泉所得について課税

　したがって、1）、2）、4）は適切である。内国法人である公益法人等は、収益事業から生じた所得に課税されるため、3）は不適切である。

正解　3）

5－2　課税所得の金額

《問》青色申告法人である甲社（資本金3,000万円、完全支配関係にある法人ではない、適用除外事業者に該当しない）の当期（2024年4月1日～2025年3月31日）の課税所得の計算に係る項目が、下記の〈資料〉のとおりであった。次のうち、甲社の課税所得の金額はどれか。

〈資料〉

・確定した決算における税引前当期利益：1,000万円
・租税公課に計上した交通反則金：10万円
・受取配当金の益金不算入額：30万円
・賞与引当金繰入額：300万円

1）1,000万円＋10万円－30万円＋300万円＝1,280万円
2）1,000万円－10万円＋30万円－300万円＝720万円
3）1,000万円－30万円＋300万円＝1,270万円
4）1,000万円＋30万円－300万円＝730万円

● 解説と解答 ●

　法人税の所得金額は、企業会計上の当期純利益に、「益金算入項目」「損金不算入の項目」（加算項目）を加算し、「益金不算入項目」「損金算入の項目」（減算項目）を減算して計算される。申告調整事項には、次のものがある。
①益金算入項目例：法人税額から控除する外国子会社の外国税額、国庫補助金等にかかる特別勘定の取崩額
②損金不算入項目例：資産の評価損（災害等の一定の場合を除く）、定時定額でない役員報酬、役員賞与、過大な役員退職金、寄附金の損金算入限度超過額、法人税額等（法人税・住民税・罰金等）、減価償却費の償却限度超過額、貸倒引当金等の引当金の繰入限度超過額
③益金不算入項目例：受取配当等、資産の評価益、法人税等の還付金
④損金算入項目例：国庫補助金等で取得した固定資産等の圧縮額（剰余金処理したもの）、国庫補助金等にかかる特別勘定の金額
　法人の課税所得の計算上、交通反則金、賞与引当金繰入額は損金不算入項目なので加算し、受取配当金の益金不算入額は益金不算入項目なので減算する。

<u>正解　1）</u>

5 － 3　法人税額

《問》甲社（資本金1,000万円、普通法人、同族会社、完全支配関係にある法人ではない、適用除外事業者に該当しない）の2025年 3 月期の法人税額を計算するための資料が下記の〈資料〉のとおりであったとした場合、甲社の法人税額の計算として、次のうち最も適切なものはどれか。

〈資料〉

- ・確定した決算における当期純利益…1,800万円
- ・当期純利益に申告調整を加えた後の所得金額…2,000万円
- ・なお、法人税額を計算するにあたり、各種税額控除、中間納付額等、その他記載以外の事項は考慮しないこととする。

1 ）1,800万円×23.2％＝417.6万円
2 ）2,000万円×23.2％＝464万円
3 ）800万円×15％＋（1,800万円－800万円）×23.2％＝352万円
4 ）800万円×15％＋（2,000万円－800万円）×23.2％＝398.4万円

● 解説と解答 ●

　所得金額は、法人の確定した決算における利益に法人税法上の申告調整項目を加算・減算して各事業年度の所得金額を算出し、それに税率を乗じて税額を求める。

　本問の場合、グループ法人税制を考慮せず、甲社が資本金 1 億円以下の会社であるので、各事業年度の所得金額（本問では2,000万円）のうち年800万円以下の部分に対しては15％、800万円超の部分に対しては23.2％の税率となる。

正解　4 ）

5－4　同族会社

《問》次の制度のうち、同族会社についてのみ適用されるものはどれか。
1）交際費等の損金不算入に関する制度
2）不相当に高額な役員給与（退職給与を除く）の損金不算入に関する
制度
3）不相当に高額な役員退職給与の損金不算入に関する制度
4）留保金課税に関する制度

・解説と解答・

同族会社については次の特別な規定が適用される。

イ．みなし役員の規定および使用人兼務役員となれる者の範囲の制限

　　同族会社の場合には、法人の使用人で会社の経営に従事している者のうち、持株割合や議決権割合が50％超に達するまでの、上位3位以内の株主等のグループに属する者のなかで、一定の者については、役員とみなされる。また同族会社の役員（前述のみなし役員を含む）のうち、持株割合要件や議決権割合要件（前述のみなし役員の要件と全く同一）を満たす者は、使用人兼務役員の取扱いが受けられない。

ロ．留保金額に対する特別税率

　　同族会社が、一定の金額を超えて利益の留保をした場合には、その留保した金額に対して特別な税金が課される。ただし、特定の同族会社以外については、この留保金課税は適用されない。

ハ．同族会社の行為・計算の否認

　　税務署長は、同族会社の法人税について更正または決定をするにあたって、同族会社の行為または計算が、それをそのまま容認するならば法人税の負担を不当に減少させる結果となると認められるものがあるときは、その行為または計算にかかわらず、税務署長の認めるところにより、課税標準額、欠損金額または法人税額を計算することができる。

　したがって、1）、2）、3）は同族会社以外の会社にも適用される規定である。

正解　4）

5−5 期末棚卸資産の評価方法(1)

《問》法人の棚卸資産の評価方法に関する次の記述のうち、最も不適切な
ものはどれか。
1）先入先出法とは、期末棚卸資産が、期末近くに取得したものから順
次構成されているものとみなし、そのみなされた棚卸資産の取得価
額を期末評価額とする方法である。
2）棚卸資産の範囲は、有価証券を含むすべての資産が対象となる。
3）原価法とは、期末棚卸資産について一定の認められた方法により算
出した取得価額をもって期末棚卸資産の評価額とする方法である。
4）棚卸資産の評価方法について、届出をしなかった場合には、最終仕
入原価法による原価法により評価する。

・解説と解答・

棚卸資産の期末評価の方法として選定することができる原則的な評価方法
は、原価法と低価法とに分けられ、原価法はさらに6つに区分される。
原価法には、個別法、先入先出法、総平均法、移動平均法、最終仕入原価
法、売価還元法がある。
また、低価法とは、棚卸資産の期末評価額を、「原価法のうち法人が選定し
た方法により評価した価額（原価）」と「期末におけるその棚卸資産の価額
（税法上の時価)」のいずれか低いほうの価額とする方法である。
1）適切である。
2）不適切である。法人税法上の棚卸資産は、有価証券を除く(1)商品または製
品、半製品、(2)仕掛品（半成工事を含む)、(3)主要・補助原材料、(4)消耗
品で貯蔵中のもの等棚卸をすべきものである。
3）適切である。
4）適切である。棚卸資産の法定評価方法は最終仕入原価法であり、棚卸資産
の評価方法について届出をしなかった場合には法定評価方法で評価する。

正解 2）

5－6　期末棚卸資産の評価方法(2)

《問》T物産の甲商品の受払記録は次のとおりである。先入先出法によって期末評価をした場合の期末（2025年3月31日）の棚卸資産の評価額について、次のうち最も適切なものはどれか。なお、低価法は採用していない。

商品受払記録

| | 仕入 | | | 払出（個） | 残高（個） |
	数量（個）	単価（円）	金額（円）		
期首繰越	100	1,000	100,000	—	100
24. 4.10 仕入	200	1,100	220,000	—	300
24. 7.10 売上	—	—	—	150	150
24.10.10 仕入	100	1,200	120,000	—	250
24.12.10 売上	—	—	—	150	100
25. 3.10 仕入	100	1,250	125,000	—	200（期末在庫）

1) 210,000円
2) 220,000円
3) 245,000円
4) 250,000円

・解説と解答・

　先入先出法は、期末に最も近い時期に仕入れたものから順次在庫が構成されているものとみなして評価する。

　したがって、期末在庫の200個は、3月10日仕入分100個と10月10日仕入分100個からなるものとして計算する。

　（@1,250円×100個）＋（@1,200円×100個）＝245,000円

正解　3)

5 － 7　減価償却

《問》法人が2007年 4 月 1 日以後に取得した有形減価償却資産（建物、建物付属設備、構築物、鉱業用減価償却資産およびリース資産を除く）の償却に関する次の記述のうち、最も適切なものはどれか。

1 ）定額法または定率法のうち、いずれの償却方法にするかを選定し、その選定した償却方法の届出を税務署長にしなかった場合の法定償却方法は定額法である。
2 ）償却可能限度額は取得価額の95％までである。
3 ）当期に生じた普通償却不足額は翌期の普通償却限度額に加算して償却費に計上した場合、その合算した償却費の金額が翌期に損金算入できる。
4 ）青色申告をしている一定の中小事業者等が所定の期間内に取得した 1 個または 1 組の取得価額が30万円未満（ただし、各事業年度の取得価額の合計額は300万円が限度）の減価償却資産については、固定資産に計上せずその全額を事業の用に供した事業年度の損金とすることができる。

・解説と解答・

1 ）不適切である。建物、建物付属設備、構築物、鉱業用減価償却資産およびリース資産を除く有形減価償却資産の償却方法には、定額法と定率法がある。法定償却方法は、個人の場合は定額法であり、法人の場合は定率法である。法人が定額法を選択する場合には税務署長に届出をしなければならない。なお、1998年 4 月 1 日以後に取得する建物、2016年 4 月 1 日以後に取得する建物附属設備・構築物の償却方法は定額法である。
2 ）、3 ）不適切である。各事業年度の償却限度額の計算において、有形減価償却資産については、備忘価額 1 円に達するまで償却できる。また、法人は各事業年度において、任意の金額を償却費として計上できるが、そのうち償却限度額までしか損金に算入できない。ただし、この際に生じた事業年度ごとの普通償却の償却不足額は翌年に繰り越すことはできない。
4 ）適切である。なお、消費税を税込経理方式で処理しているときは、税込価格で30万円未満であることが必要とされる。

正解　4 ）

5－8　資本的支出と修繕費

《問》法人が固定資産の修理・改良等のために支出した次の金額のうち、
　　　税法上、修繕費として損金算入できないものはどれか。
　1）通常の維持管理のために支出した金額
　2）支出した金額が20万円未満のもの
　3）き損したものを原状に回復するために支出した金額
　4）明らかに価値を高めるまたは耐久性を増すために支出した金額

● 解説と解答 ●

　資本的支出か修繕費かの判断には、以下のような簡便的な基準が設けられている。
　①少額または短周期基準
　・1つの修繕等の支出で1事業年度ごとに支出する金額が20万円未満のもの。
　・1つの修繕等の支出で、ほぼ3年以内の期間を周期として行われることが既往の実績等からみて明らかなもの。
　②60万円基準または取得価額の10％基準
　・その区分が明確ではなく、通常の維持管理費、原状回復費に該当しないものについて、支出金額が60万円未満のものまたは前期末取得価額の10％以下であるもの。
　③30％基準
　・上記以外の支出でその区分が明確でないものは、継続適用を条件として、支出金額の30％と固定資産の前期末取得価額の10％のいずれか少ない金額を修繕費、残額を資本的支出としてよい。
　したがって、本問については、1）、2）、3）は一時の損金として処理できるが、4）は一時の損金として処理できない。正解は4）である。

<u>正解　4）</u>

5－9　役員給与

《問》役員給与の法人税法上の取扱いに関する次の記述のうち、最も不適
切なものはどれか。なお、それぞれの記述における役員給与の額の
うち不相当に高額な部分の金額はないものとする。

1）法人税法でいう役員給与とは、いわゆる役員報酬（定期の報酬）、
役員賞与および役員退職給与の総称である。
2）役員給与のうち退職給与以外のものは、定期同額給与、事前確定届
出給与または業績連動給与のいずれかに該当すれば、損金に算入で
きる。
3）役員賞与については、所定の時期に確定額を支給する旨の届出を
し、そのとおり実行すれば、損金に算入できる。
4）使用人兼務役員の役員部分の賞与は損金に算入できず、また使用人
部分の賞与についても、たとえ他の使用人の賞与の支給時期と同時
期に支給したとしても、損金に算入できない。

・解説と解答・

1）適切である。いわゆる役員報酬（定期の報酬）、役員賞与および役員退職
給与を一括して役員給与として取り扱う。
2）適切である。退職給与以外の役員給与は、次のいずれかに該当すれば、原
則として損金に算入される。
 イ．定期同額給与…1月以下の一定の期間ごとに支給される定期同額の給与
 ロ．事前確定届出給与…所定の時期に確定額を支給するという定めに基づき
支給する給与で、所定の期限までに事前に税務署長に届け出たもの
 ハ．業績連動給与…非同族会社等業務執行役員に対して支給する利益に関す
る指標等を基礎として算定される給与
3）適切である。
4）不適切である。使用人兼務役員に対する役員部分の賞与について、事前確
定届出給与に該当すれば原則として損金に算入できる。また、使用人部分
の賞与については、他の使用人と同時期に支給すれば、原則として損金に
算入できる。

正解　4）

5−10　交際費

《問》法人税における交際費等の取扱いに関する次の記述のうち、最も不適切なものはどれか。

1) 会議（来客との商談、打合せ等を含む）に際し、社内または通常会議を行う場所において通常供与される昼食の程度を超えない飲食物等の費用は、交際費等から除かれる。

2) カレンダー、手帳、扇子、うちわ、手ぬぐいその他これらに類する物品の贈与のために通常要する費用は、交際費等から除かれる。

3) 法人が役員に対して交際費の名目で支出した渡切りの費用であっても、その役員からその費途についての報告を受けていないものは、交際費等とはされず、その役員に対する給与とされる。

4) 本来、交際費等に該当する飲食費であっても1人当たり20,000円以下のものは、もっぱら役員や従業員等のために支出する費用を除き、一定の要件を満たす領収書等を保存することを要件に交際費等に含めなくてもよい。

・解説と解答・

　法人税における交際費等とは、交際費、接待費、機密費その他の費用で法人がその得意先、仕入先その他事業に関係ある者等に対する接待、供応、慰安、贈答その他これらに類する行為のために支出するものをいう。

1) 適切である。この費用は一般に会議費に該当する。

2) 適切である。この費用は一般に広告宣伝費に該当する。

3) 適切である。この費用は渡切り交際費といわれているが、その費途の報告を受け領収書等で精算されているものについては、交際費等とされる。しかし、その報告を受けていないものは、その役員に対する給与とされる。

4) 不適切である。交際費等に該当する飲食費であっても、1人当たり10,000円以下のものは、もっぱら役員、従業員等のためのものを除き、交際費等から除外される（令和6年3月31日以前は、1人当たり5,000円以下）。

正解　4)

5−11　租税公課

《問》法人が支出する租税公課のうち、法人税の所得金額の計算上、損金
　　　に算入されるものは次のうちどれか。
1）法人税
2）法人住民税
3）法人事業税
4）延滞税

● 解説と解答 ●

　法人が納付する租税公課のうち、法人税法上損金の額に算入されるもの、さ
れないものおよび損金算入時期をまとめると、次のようになる。

種類	損金算入○不算入　×	損金算入時期（原則）その日の属する事業年度
法人税・地方法人税	×	
法人住民税（利子割額を含む）	×	
法人税額から控除する源泉所得税	×	
延滞税・加算税	×	
延滞金・加算金	×	
印紙税の過怠税	×	
罰金・科料・過料・交通反則金	×	
法人事業税・特別法人事業税	○	申告書を提出した日
固定資産税・都市計画税	○	賦課決定のあった日（原則）
事業所税	○	申告書を提出した日
自動車税	○	賦課決定のあった日（原則）
収入印紙	○	使用した日
法人税の申告期限を延長する場合の利子税	○	納付した日
税込経理の消費税および地方消費税	○	申告書を提出した日

正解　3）

5 - 12　貸倒引当金

《問》資本金1億円以下の法人（他の法人に完全支配されていない）の貸倒引当金に関する法人税の取扱いに関する次の記述のうち、最も不適切なものはどれか。

1) 個別評価金銭債権については、回収不能見込額を個別に評価して繰入限度額を計算する。
2) 一括評価金銭債権については、原則として金銭債権の合計額（個別評価金銭債権の額を除く）に貸倒実績率を乗じて繰入限度額を計算する。
3) 一括評価金銭債権に係る繰入限度額の計算にあたっては、貸倒実績率に代えて法定繰入率の選択適用が認められる。
4) 貸倒引当金繰入額の損金算入額は、個別評価金銭債権の繰入限度額と、一括評価金銭債権の繰入限度額のいずれか多いほうの金額である。

・解説と解答・

1)、2)、3) は適切である。

4) は不適切である。どちらか多いほうではなく、期末に有する金銭債権を両債権に区分して、それぞれ別々に計算した金額の合計額である。

正解　4)

【制度の概要】

中小企業者等に該当する法人が、その有する金銭債権の貸倒れ等による損失の見込額として、損金経理により貸倒引当金勘定に繰り入れた金額のうち、貸倒引当金の繰入限度額に達するまでの金額は損金算入することができる。貸倒引当金の繰入限度額は、個別評価金銭債権と一括評価金銭債権に区分して計算することとされている。

(1) 個別評価金銭債権に係る貸倒引当金の繰入限度額は、次の場合の区分に応じ、それぞれに掲げる金額とされている。

	区　分	個別貸倒引当金繰入限度額
①	個別評価金銭債権に係る債務者について生じた更生計画認可の決定	その事由が生じた日の属する事業年度終了の日の翌日から5年を経

	等の事由に基づいてその弁済を猶予され、または賦払により弁済される場合	過する日までに弁済されることとなっている金額以外の金額（その取立てまたは弁済（以下「取立て等」という）の見込みがあると認められる部分の金額を除く）
②	個別評価金銭債権に係る債務者につき、債務超過の状態が相当期間継続し、かつ、その営む事業に好転の見通しがないこと等の事由が生じていることにより、その個別評価金銭債権の一部の金額につきその取立て等の見込みがないと認められる場合（①の場合を除く）	その一部の金額に相当する金額
③	個別評価金銭債権に係る債務者につき更生手続開始等の申立て等の事由が生じている場合（①の場合および②による貸倒引当金の繰入れを行った場合を除く）	その個別評価金銭債権の額（実質的に債権と見られない部分の金額及び取立て等の見込みがあると見込みがあると認められる部分の金額を除く）の50％相当額
④	外国の政府、中央銀行または地方公共団体に対する個別評価金銭債権につき、これらの者の長期にわたる債務の履行遅滞により、その経済的な価値が著しく減少し、かつ、その弁済を受けることが著しく困難であると認められる事由が生じている場合	その個別評価金銭債権の額（実質的に債権と見られない部分の金額及び取立て等の見込みがあると認められる部分の金額を除く）の50％相当額

(2)　一括評価金銭債権に係る貸倒引当金の繰入限度額は、当該事業年度終了の時において有する一括評価金銭債権の帳簿価額の合計額に貸倒実績率を乗じて計算する。

5－13　法人税の申告

《問》甲社の事業年度は、4月1日から翌年の3月31日までの1年間である。甲社の法人税の申告書の提出に関する次の記述のうち、最も不適切なものはどれか。

1）甲社の確定申告書の提出期限は、原則として事業年度終了の日の翌日から2カ月以内である。

2）甲社の中間申告書の提出期限は、事業年度開始の日以後6カ月を経過した日から2カ月以内である。

3）すでに提出した確定申告書に記載した税額が過少であったり、欠損金額が過大であったり、あるいは還付金額が過大であったときは、原則として法定申告期限から5年以内に限り、税務署長に対し修正申告書を提出することができる。

4）すでに提出した確定申告書に記載した税額が過大であったり、あるいは還付金額が過少であったときは、原則として法定申告期限から5年以内に限り、税務署長に対し更正の請求をすることができる。

・解説と解答・

　法人は、事業年度が終了した後に決算を行い、株主総会等の承認を受け、その承認を受けた決算（確定決算）に基づいて所得金額や法人税額等、法人税法に定められた事項を記載した申告書を作成し、これを納税地の所轄税務署長に提出しなければならない。

　また、事業年度が6月を超える普通法人は、原則として事業年度開始の日以後6月を経過した日から2月以内に中間申告書を提出しなければならない。中間申告には、前年度実績を基準とする予定申告と仮決算に基づく中間申告の2種類があり、原則として、いずれかを選択することができる。

1）適切である。災害その他やむを得ない理由等がある場合には、申告期限の延長が認められることがある。

2）適切である。

3）不適切である。修正申告は、税務署長の更正があるまではいつでも提出することができる。

4）適切である。

正解　3）

5－14　青色申告

《問》次のうち、法人税における青色申告法人でなくても認められるもの
　はどれか。
1）少額減価償却資産（取得価額10万円未満）についての取得価額全額
　の損金算入
2）一定の機械、ソフトウェア、車両等を購入した場合の特別償却また
　は税額控除
3）推計による更正または決定の禁止
4）試験研究を行った場合等の法人税額の特別控除

解説と解答

　青色申告については、法定の帳簿書類を備え付けて取引を記録しかつ保存す
ること、納税地の所轄税務署長に青色申告の承認の申請書を提出しあらかじめ
承認を受けることの2つが要件となっている。
1）青色申告法人でなくとも認められる。少額減価償却資産（取得価額10万円
　未満または使用可能期間1年未満）については、青色法人以外でも、取得
　価額を損金の額に算入できる。
2）青色申告法人でなければ認められない。
3）青色申告法人でなければ認められない。
4）青色申告法人でなければ認められない。

<u>正解　1）</u>

5 −15　消費税(1)

《問》消費税（地方消費税を含む。以下、同じ）における原則課税制度と
　　簡易課税制度に関する次の記述のうち、最も不適切なものはどれ
　　か。
　1) 基準期間の課税売上高が5,000万円以下の事業者は、その課税期間
　　　について所定の手続をすることにより簡易課税制度を選択できる。
　2) 原則課税制度を選択している場合において、課税売上高が5億円以
　　　下の事業者は、課税売上割合が95％以上であるときの消費税の納付
　　　税額は、課税期間における「課税標準額に対する消費税額」から
　　　「課税仕入れ等に係る消費税額（全額）」を控除して計算する。
　3) 事業者のうち、その課税期間の基準期間における課税売上高が
　　　3,000万円以下の事業者は、その課税期間の消費税の納税義務が免
　　　除されている。
　4) 簡易課税制度における第1種事業（卸売業）のみなし仕入率は、
　　　90％である。

・解説と解答・

1) 適切である。なお、法人が簡易課税制度を選択適用した場合は、2年間を
　　経過しないと原則課税制度に戻れない。
2) 適切である。なお、課税売上割合が95％未満であれば「課税売上げに対応
　　する課税仕入れに係る消費税額」だけが控除できる。
　　　また、課税期間の課税売上高が5億円を超える事業者は、課税売上の割
　　合が95％以上でも全額控除は認められず、個別対応方式、一括比例配分方
　　式により控除額を算定する。
3) 不適切である。基準期間の課税売上高が1,000万円以下の事業者は、消費
　　税の納税義務が免除されている。ただし、納税義務者になることも選択で
　　きる。
　　　なお、2013年1月1日以後に開始する事業年度については、前事業年度
　　開始から6カ月間の課税売上高または給与等の支払額が1,000万円を超え
　　ると納税義務は免除されない。
4) 適切である。

正解　3)

5 － 16　消費税(2)

> 《問》消費税に関する次の記述のうち、最も不適切なものはどれか。
> 1 ）消費税は、納税義務者と税金の負担者が異なる間接税である。
> 2 ）法人における基準期間の課税売上高とは、前々事業年度の12カ月間
> 　　換算ベースの課税売上高をいう。
> 3 ）法人による国外取引は、消費税の不課税取引とされる。
> 4 ）更地である土地の譲渡は、消費税の課税取引とされる。

・解説と解答・

1 ）適切である。

2 ）適切である。

3 ）適切である。国内で事業者が事業として対価を得て行う資産の譲渡等と輸入取引にあたらないものは、不課税取引となる。

4 ）不適切である。非課税取引である。

　消費税は原則として国内におけるすべての財貨の販売やサービスの提供に対して課税されるが、それらのなかには消費とはいえないようなものや消費税になじまないもの、社会政策上課税することが不適当なものは、非課税取引としている。

非課税取引（例）	非課税取引とならない例
1 ．土地の譲渡・貸付（土地、借地権の譲渡など）	土地の譲渡に関する仲介・あっせん手数料、駐車場、テニスコートの施設手数料
2 ．有価証券等・支払手段等の譲渡（国債、社債、株式の譲渡など）	ゴルフ会員権、船荷証券の譲渡、収集・販売用の紙幣・硬貨の譲渡
3 ．金融取引（預貯金の利子、保証料、手形割引料、保険料、借入金の利息など）	送金、口座振替、CD・ATM 利用、保護預り、証券取引等各種の手数料
4 ．郵便切手・印紙等の譲渡（郵便局での郵便切手の譲渡など）	収集・販売用の切手の譲渡

5. 物品切手等の譲渡（商品券、図書券、プリペイドカードの譲渡など）	物品切手等の譲渡における取扱手数料
6. 国・地方公共団体等が法令に基づき徴収する手数料等（特許申請料、国家試験受験料、住民票・印鑑証明書交付手数料など）	博物館、美術館などの入場料、公営バス・地下鉄運賃

正解　4）

（資料１）2024年度税制改正新旧対照表

個人所得課税

	税目	項目	改正前	改正後				適用時期
1	所得税・個人住民税	定額減税	新設（一時的な措置）	**⑴所得税**				所得税 2024年分 個人住民税 2024年度分
				減税内容	2024年分の所得税について、居住者の所得税額から特別控除の額を控除する（その者の所得税額を限度）			
				所得制限	2024年分の合計所得金額1805万円以下			
				特別控除額	本人	3万円		
					同一生計配偶者または扶養親族（居住者に限る）	1人につき3万円		
				実施方法	給与所得者	●2024年6月1日以後最初に支払を受ける給与等の源泉徴収税額から特別控除の額を控除する。 ●6月に控除しきれない金額は7月以降順次控除する。 ●2024年分の年末調整で年税額から特別控除の額を控除する。		
					公的年金所得者	●2024年6月1日以後最初に支払を受ける公的年金等の源泉徴収税額から特別控除の額を控除する。 ●6月に控除しきれない金額は8月以降順次控除する。 ●2024年分の確定申告で年税額から特別控除の額を控除する。		
					事業所得者等	●第1期分予定納税額（7月）から本人分の特別控除の額（3万円）を控除する。 ●同一生計配偶者または扶養親族分の特別控除の額（1人につき3万円）は予定納税額の減額の承認の申請により控除を受けることができる。 ●第1期分予定納税額について、納期を7月1日から9月30日までとする。また、減額の承認申請期限を7月31日とする。 ●2024年分の確定申告で年税額から特別控除の額を控除する。		
				⑵個人住民税				
				減税内容	2024年度分の個人住民税について、納税義務者の所得割の額から特別控除の額を控除する（その者の所得割の額を限度）			
				所得制限	2024年度分の合計所得金額1805万円以下（従って、2023年分の合計所得金額）			
				特別控除額	本人	1万円		
					控除対象配偶者または扶養親族（国外居住者を除く）	1人につき1万円		
					控除対象配偶者を除く同一生計配偶者（国外居住者を除く）	2025年度分の所得割の額から1万円		
				実施方法	給与所得者	●2024年6月に給与の支払をする際は特別徴収をしない。 ●特別控除の額を控除した後の個人住民税額の11分の1の額を2024年7月から2025年5月まで、給与を支給する際に毎月徴収する。		
					公的年金所得者	●2024年10月1日以後最初に支払を受ける公的年金等の特別徴収税額から特別控除の額を控除する。 ●10月に控除しきれない金額は12月以降、順次控除する。		
					事業所得者等	●第1期分（6月）の納付額から特別控除の額を控除する。 ●第1期分（6月）に控除しきれない金額は第2期分（8月）以降順次控除する。		

	税目	項目	改正前	改正後	適用時期
2		ストックオプション税制の拡充	〈税制適格ストックオプション〉 ①権利行使時 　課税されない（原則は、権利行使時の取得株式の時価と権利行使価格の差額である経済的利益に課税する。株式譲渡時まで繰り延べる。 ②株式譲渡時 　売却価格－権利行使価格＝譲渡所得金額 〈主な要件〉 ①株式保管委託要件 　非上場段階で権利行使後、証券会社等に保管委託することが必要。 ②権利行使価額の限度額 　1200万円／年 ③発行会社 　ベンチャーキャピタル等から最初に出資を受ける時において、資本金の額5億円未満かつ従業員数900人以下の会社。 ④社外高度人材 　一定の要件を満たした社外高度人材が対象。	〈主な要件〉 ①株式保管委託要件 　新たな株式管理スキームを創設し、発行会社による株式の管理も可能とする。 ②権利行使価額の限度額 　●設立5年未満の会社：2400万円／年 　●設立5年以上20年未満の会社 　　（注）：3600万円／年 　（注）非上場または上場後5年未満の上場企業 ③発行会社 　資本金要件および従業員数要件を廃止する。 ④社外高度人材 　新たに、非上場企業の役員経験者等を追加し、国家資格保有者等に求めていた3年以上の実務経験の要件を撤廃するなど、対象を拡大する。	―
3	所得税	エンジェル税制の拡充	(1)投資段階 ①譲渡所得の特例 　対象企業への投資額全額を、その年の株式譲渡所得金額から控除し、課税の繰延（譲渡時に取得価額の調整あり）。 　※控除対象となる投資額の上限なし ②寄付金控除 　（対象企業への投資額－2000円）を、その年の総所得金額から控除し、課税の繰延（譲渡時に取得価額の調整あり）。 　※控除対象となる投資額の上限は、総所得金額×40％と800万円のいずれか低い方 ③プレシード・シード特例 　対象企業への投資額全額を、その年の株式譲渡所得金額から控除し、非課税（年間20億円までは非課税）。 (2)譲渡段階 ①取得価額の調整 　上記(1)①または②の特例により控除した金額は、株式の取得価額から差し引き株式売却時に課税される（いわゆる課税の繰延）。 　　特定株式の取得に要した金額の合計額－上記(1)①または②の特例により控除した金額＝調整後の取得価額 ②譲渡損失 　未上場ベンチャー企業株式の売却により損失が生じたときは、その年の他の株式譲渡益からその損失額を控除可能。さらに控除しきれなかった損失額については、翌年以降3年間にわたって繰越控除が可能。 　※ベンチャー企業が上場しないまま、破産、解散等をして株式の価値がなくなった場合も同様。	●一定の新株予約権の取得金額も対象に加える。 ●信託を通じた投資を対象に加える。 ●株式譲渡益を元手とする再投資期間の延長について、2025年度税制改正において、引き続き検討する（与党税制改正大綱に明記）。	―

	税目	項目	改正前	改正後	適用時期
4	所得税	子育て世帯等に対する住宅ローン控除の拡充	（下表参照）	子育て特例対象個人（本人もしくは配偶者が40歳未満の者または19歳未満の扶養親族を有する者）が認定住宅等の新築等をして2024年中に入居した場合には控除対象借入限度額を上乗せする。（下表参照）	2024年1月1日から12月31日までの居住

改正前

借入限度額		居住年	
		2024年	2025年
新築・買取再販	認定住宅	4500万円	
	ZEH水準省エネ住宅	3500万円	
	省エネ基準適合住宅	3000万円	
	その他の住宅	0円（2023年までの建築確認（新築）は2000万円）	
既存住宅	認定住宅 ZEH水準省エネ住宅 省エネ基準適合住宅	3000万円	
	その他の住宅	2000万円	

控除率	0.7%	
控除期間	新築・買取再販	13年（2024年・2025年入居の「その他の住宅」は10年）
	既存住宅	10年
所得要件	合計所得金額2000万円以下	
床面積要件	50㎡以上 合計所得金額1000万円以下は40㎡以上（2023年までの建築確認（新築）に限る）	

改正後

借入限度額		居住年	
		2024年	2025年
新築・買取再販	認定住宅	5000万円	4500万円
	ZEH水準省エネ住宅	4500万円	3500万円
	省エネ基準適合住宅	4000万円	3000万円
	その他の住宅	0円（2023年までの建築確認（新築）は2000万円）	
既存住宅	認定住宅 ZEH水準省エネ住宅 省エネ基準適合住宅	3000万円	
	その他の住宅	2000万円	

控除率	0.7%	
控除期間	新築・買取再販	13年（2024年・2025年入居の「その他の住宅」は10年）
	既存住宅	10年
所得要件	合計所得金額2000万円以下	
床面積要件	50㎡以上 合計所得金額1000万円以下は40㎡以上（2024年までの建築確認（新築）に限る）	

	税目	項目	改正前	改正後	適用時期
5	所得税	子育て世帯等に対する住宅リフォーム税制の新設	2023年12月31日まで適用する。（下表参照）	子育て特例対象個人（本人もしくは配偶者が40歳未満の者または19歳未満の扶養親族を有する者）が行う一定の子育て対応改修工事（注）を対象工事に加える。工事費用相当額（250万円を限度）の10%を税額控除する。※その年分の合計所得金額が2000万円を超える場合は適用しない。（注）子育て対応改修工事 ①住宅内における子供の事故を防止するための工事 ②対面式キッチンへの交換工事 ③開口部の防犯性を高める工事 ④収納設備を増設する工事 ⑤開口部・界壁・床の防音性を高める工事 ⑥間取り変更工事（一定のものに限る）	2024年4月1日から12月31日までの居住

改正前（表）

必須工事			その他工事			最大控除額
対象工事	限度額控除対象	控除率	対象工事	限度額控除対象	控除率	
耐震	250万円					62.5万円
バリアフリー	200万円		必須工事の対象限度額超過分およびその他の改修工事	必須工事に係る標準的な工事費用相当額と同額まで※2		60万円
省エネ	250万円（350万円※1）	10%			5%	62.5万円（67.5万円※1）
多世帯同居	250万円					62.5万円
長期優良住宅化 耐震or省エネ＋耐久性向上	250万円（350万円※1）					62.5万円（67.5万円※1）
長期優良住宅化 耐震＋省エネ＋耐久性向上	500万円（600万円※1）					75万円（80万円※1）

※1 太陽光発電を設置する場合
※2 最大控除対象限度額は必須工事と併せて1000万円が限度
※3 耐震改修を除き、合計所得金額が3000万円を超える場合は適用しない

	税目	項目	改正前	改正後	適用時期
6	所得税	住宅リフォーム税制の延長等		(1)耐震改修をした場合の所得税の特別控除の適用期限を2年（2025年12月31日まで）延長する。(2)特定の改修工事（バリアフリー改修、省エネ改修、多世帯同居改修、長期優良住宅化改修）をした場合の所得税の特別控除について、合計所得金額要件を2000万円以下に引き下げた上、適用期限を2年（2025年12月31日まで）延長する。	2024年1月1日から2025年12月31日まで
7	所得税・個人住民税	居住用財産の買換え等の場合の譲渡所得の課税の特例の延長	個人が所有期間10年超で譲渡資産の譲渡対価が1億円以下など、一定の要件に該当する居住用財産を譲渡し、一定の要件に該当する居住用財産に買い換えた場合に譲渡益を繰り延べる。適用期限：2023年12月31日までの譲渡について適用する。	適用期限を2年（2025年12月31日まで）延長する。	2025年12月31日までの譲渡

	税目	項目	改正前	改正後	適用時期
8	所得税・個人住民税	居住用財産の買換え等の場合の譲渡損失の繰越控除等の延長	(1)居住用財産の買換え等の場合の譲渡損失の損益通算および繰越控除制度 個人が所有期間5年超など一定の要件に該当する居住用財産を譲渡し、一定の要件に該当する居住用財産に買い換えた場合は譲渡損を損益通算および繰越控除できる。 適用期限：2023年12月31日までの譲渡について適用する。 (2)特定居住用財産の譲渡損失の損益通算および繰越控除制度 個人が所有期間5年超など一定の要件に該当する居住用財産を譲渡した場合は譲渡損（一定の限度額まで）を損益通算および繰越控除できる。 適用期限：2023年12月31日までの譲渡について適用する。	(1)居住用財産の買換え等の場合の譲渡損失の損益通算および繰越控除制度 適用期限を2年（2025年12月31日まで）延長する。 (2)特定居住用財産の譲渡損失の損益通算および繰越控除制度 適用期限を2年（2025年12月31日まで）延長する。	2025年12月31日までの譲渡
9		認定住宅の新築等に係る所得税額の特別控除の延長等	2023年12月31日までに居住の用に供した場合について適用する。 表： 居住年：2022年1月～2023年12月 対象住宅：●認定住宅 ●ZEH水準省エネ住宅 控除対象限度額：650万円 控除率：10% ※合計所得金額が3000万円を超える場合は適用しない	合計所得金額要件を2000万円以下に引き下げた上、適用期限を2年（2025年12月31日まで）延長する。	2024年1月1日から2025年12月31日までの居住
10	所得税	政治活動に関する寄付をした場合の寄付金控除（所得控除）または所得税の特別控除（税額控除）制度の延長	2024年12月31日までの期間において支出した政治活動に関する寄付金で一定のものについては、寄付金控除（所得控除）または所得税の特別控除（税額控除）の選択適用とする。	適用期限を5年（2029年12月31日まで）延長する。	2029年12月31日まで
11		法定調書の光ディスク等による提出義務基準の引き下げ	基準年（前々年）の提出枚数が100枚以上である法定調書については、光ディスク等またはe-Taxにより提出しなければならない。	提出義務基準を30枚以上に引き下げる。	2027年1月1日以後に提出すべき法定調書
12	国民健康保険税	国民健康保険税の見直し	(1)基礎課税額に係る課税限度額：65万円 (2)後期高齢者支援金等課税額に係る課税限度額：22万円 (3)介護納付金課税額に係る課税限度額：17万円 (4)減額の対象となる所得基準 ①5割軽減の対象となる世帯の軽減判定所得算定：被保険者の数×29万円 ②2割軽減の対象となる世帯の軽減判定所得算定：被保険者の数×53.5万円	(1)基礎課税額に係る課税限度額：65万円（改正なし） (2)後期高齢者支援金等課税額に係る課税限度額：24万円 (3)介護納付金課税額に係る課税限度額：17万円（改正なし） (4)減額の対象となる所得基準 ①5割軽減の対象となる世帯の軽減判定所得算定：被保険者の数×29.5万円 ②2割軽減の対象となる世帯の軽減判定所得算定：被保険者の数×54.5万円	—

資産課税

税目	項目	改正前	改正後	適用時期
1 固定資産税	土地に係る固定資産税の負担調整措置等の延長	(1)2021年度から2023年度までの負担調整措置 負担水準＝前年度課税標準額÷本年度評価額 (住宅用地特例1／6、1／3) **商業地等** 〈負担水準／課税標準額〉 70%超 … 本年度評価額×70% 60%以上70%以下 … 前年度課税標準額と同額 60%未満 … 前年度課税標準額＋本年度評価額×5% ※1 上限：本年度評価額×60% ※2 下限：本年度評価額×20% **住宅用地** 100%以上 … 本年度評価額×100% 100%未満 … 前年度課税標準額＋本年度評価額×住宅用地特例（1／6、1／3）×5% ※1 下限：本年度評価額×住宅用地特例（1／6、1／3）×20% (2)2021年度から2023年度までの条例による減額制度 **商業地等** 課税標準額を評価額の70%まで引き下げる措置を地方公共団体の条例により、さらに60〜70%の範囲で引き下げることができる。 **住宅用地、商業地等** 地方公共団体の条例の定めるところにより、前年度税額（前年度に条例減額制度が適用されている場合は、減額後の金額）に1.1以上と条例の定める割合を乗じて得た額を超える場合は、その超える額に相当する額を減額することができる。 (3)簡易な方法による価格の下落修正に関する特例措置 2022年度および2023年度の据置年度において地価が下落している場合に、簡易な方法により価格の下落修正ができる特例措置。	(1)2024年度から2026年度までの負担調整措置を継続する。 (2)2024年度から2026年度まで減額制度を継続する。 (3)2025年度および2026年度も特例措置を継続する。	2026年度まで
2 贈与税	住宅取得等資金に係る贈与税の非課税措置の延長等	適用期限：2023年12月31日までの贈与について適用する。 (1)非課税限度額 省エネ等住宅 … 1000万円 上記以外の住宅 … 500万円 (2)省エネ等住宅 次のいずれかに該当すること。 断熱性能等級4以上または一次エネルギー消費量等級4以上 耐震等級2以上または免震建築物 高齢者等配慮対策等級3以上	下記の見直しを行った上、適用期限を3年（2026年12月31日まで）延長する。 (2)省エネ等住宅 次のいずれかに該当すること。 断熱性能等級5以上かつ一次エネルギー消費量等級6以上 耐震等級2以上または免震建築物（改正なし） 高齢者等配慮対策等級3以上（改正なし）	2024年1月1日以後の贈与
3 贈与税	住宅取得等資金に係る相続時精算課税制度の特例の延長	特定の贈与者（親）の年齢要件をなしとする特例 適用期限：2023年12月31日までの贈与について適用する。	適用期限を3年（2026年12月31日まで）延長する。	2026年12月31日まで
4 相続税・贈与税	個人事業用資産に係る相続税・贈与税の納税猶予制度の見直し	(1)概要 相続人等（受贈者）が、2019年1月1日から2028年12月31日までの間に、相続（贈与）により特定事業用資産を取得した場合は、担保の提供を条件に、その相続人等（受贈者）が納付すべき相続税額（贈与税額）のうち、相続（贈与）により取得した特定事業用資産の課税価格に対応する相続（贈与）税の納税を猶予する。		2026年3月31日まで

	税目	項目	改正前	改正後	適用時期
4		個人事業用資産に係る相続税・贈与税の納税猶予制度の見直し	(2)個人事業承継計画の提出 認定経営革新等支援機関の指導および助言を受けて作成された特定事業用資産の承継前後の経営見通し等が記載された計画を、2019年4月1日から2024年3月31日までの間に都道府県に提出すること。	個人事業承継計画の提出期限を2年（2026年3月31日まで）延長する。	2026年3月31日まで
5	相続税・贈与税	非上場株式等に係る相続税・贈与税の納税猶予の特例制度の見直し	(1)概要 相続人等（受贈者）が、2018年1月1日から2027年12月31日までの間に、相続（贈与）により特例認定承継会社の株式を取得した場合は、担保の提供を条件に、その相続人等（受贈者）が納付すべき相続税額（贈与税額）のうち、相続（贈与）により取得した特例認定承継会社の株式の課税価格に対応する相続税（贈与税）の納税を猶予する。 (2)特例承継計画の提出 認定経営革新等支援機関の指導および助言を受けて作成された特例認定承継会社の後継者、承継時までの経営見通し等が記載された計画を、2018年4月1日から2024年3月31日までの間に都道府県に提出すること。	特例承継計画の提出期限を2年（2026年3月31日まで）延長する。	2026年3月31日まで
6	登録免許税	登録免許税の軽減措置の延長	(1)住宅用家屋の所有権保存登記等に対する軽減措置 ①所有権の保存登記：0.15%（本則税率0.4%） ②所有権の移転登記：0.3%（本則税率2.0%） ③抵当権の設定登記：0.1%（本則税率0.4%） (2)特定認定長期優良住宅の所有権の保存登記等に対する軽減措置 ①所有権の保存登記：0.1%（本則税率0.4%） ②所有権の移転登記：戸建て0.2%、マンション0.1%（本則税率2.0%） (3)認定低炭素住宅の所有権の保存登記等に対する軽減措置 ①所有権の保存登記：0.1%（本則税率0.4%） ②所有権の移転登記：0.1%（本則税率2.0%） (4)特定の増改築等がされた住宅用家屋の所有権の移転登記に対する軽減措置 0.1%（本則税率2.0%） (5)適用期限：全て2024年3月31日まで適用する。	全て適用期限を3年（2027年3月31日まで）延長する。	2027年3月31日まで
7	印紙税	不動産の譲渡に関する契約書等に係る印紙税の税率の特例措置の延長	2024年3月31日までの間に作成される不動産の譲渡に関する契約書および建設工事の請負に係る契約書に係る税率を以下のとおり軽減する。 （下表参照）	適用期限を3年（2027年3月31日まで）延長する。	2027年3月31日まで

（項目7 改正前の税率表）

契約金額		本則	特例
不動産譲渡	建設工事の請負		
1万円以上10万円以下	1万円以上100万円以下	200円	200円
10万円超50万円以下	100万円超200万円以下	400円	200円
50万円超100万円以下	200万円超300万円以下	1000円	500円
100万円超500万円以下	300万円超500万円以下	2000円	1000円
500万円超 1000万円以下		1万円	5000円
1000万円超 5000万円以下		2万円	1万円
5000万円超 1億円以下		6万円	3万円
1億円超 5億円以下		10万円	6万円
5億円超 10億円以下		20万円	16万円
10億円超 50億円以下		40万円	32万円
50億円超		60万円	48万円

	税目	項目	改正前	改正後	適用時期
8	固定資産税	固定資産税の減額措置の延長	(1)新築住宅に係る減額措置（2分の1） 　３年度分（中高層耐火建築物（地上階数３以上のもの）は５年度分） (2)新築の認定長期優良住宅に係る減額措置（2分の1） 　５年度分（中高層耐火建築物（地上階数３以上のもの）は７年度分） (3)耐震改修を行った住宅に係る減額措置（2分の1） (4)バリアフリー改修を行った住宅に係る減額措置（3分の1） (5)省エネ改修を行った住宅に係る減額措置（3分の1） (6)適用期限：全て2024年３月31日までの新築または改修工事されたもの。	全て適用期限を２年（2026年３月31日まで）延長する。	2026年３月31日まで
9	不動産取得税	不動産取得税に関する特例措置の延長	(1)宅地評価土地の取得に係る課税標準の特例措置 　宅地評価土地の取得に係る不動産取得税の課税標準を価格の2分の1とする。 (2)標準税率の特例措置 　住宅（家屋）および土地の取得に係る不動産取得税の標準税率（本則４％）を３％とする。 (3)新築住宅特例適用住宅用土地に係る減額措置 　土地取得後の住宅新築までの経過年数要件を緩和（原則２年以内から３年以内（一定の場合は４年以内））する特例措置 (4)新築の認定長期優良住宅に係る課税標準の特例措置 　課税標準からの控除額を一般住宅特例より拡大し、1300万円とする。 (5)適用期限：全て2024年３月31日までに取得したもの。	左記(1)と(2)の適用期限を３年（2027年３月31日まで）延長する。 左記(3)と(4)の適用期限を２年（2026年３月31日まで）延長する。	(1)(2)は2027年３月31日まで (3)(4)は2026年３月31日まで

法人課税

	税目	項目	改正前	改正後	適用時期
1	法人税・所得税	税額控除制度の見直し（所得税も同様）　給与等の支給額が増加した場合の	**(1)大企業** 	継続雇用者給与等支給額（前年度比）	税額控除率	教育訓練費（前年度比）+20%	最大控除率
---	---	---	---
+3%	15%	5%	20%
+4%	25%		30%
—	—		—
—	—		—	 **(2)中堅企業（新設）**	**(1)大企業(注1)** 	継続雇用者(注4)給与等支給額（前年度比）	税額控除率(注6)	教育訓練費(注7)（前年度比）	税額控除率	子育て支援・女性活躍	税額控除率	最大控除率
---	---	---	---	---	---	---
+3%	10%	+10% 5%上乗せ	5% 上乗せ	プラチナくるみん(注9) or プラチナえるぼし(注10)	5% 上乗せ	20%
+4%	15%					25%
+5%	20%					30%
+7%	35%					35% | **(2)中堅企業(注2)** | 継続雇用者(注4)給与等支給額（前年度比）	税額控除率(注6)	教育訓練費(注7)（前年度比）	税額控除率	子育て支援・女性活躍	税額控除率	最大控除率
---	---	---	---	---	---	---
+3%	10%	+10% 5%上乗せ	5% 上乗せ	プラチナくるみん(注9) or えるぼし3段階以上(注10)	5% 上乗せ	20%
+4%	25%					35%		2024年４月１日から2027年３月31日までに開始する事業年度

税目	項目	改正前	改正後	適用時期

1　法人税・所得税

項目：給与等の支給額が増加した場合の税額控除制度の見直し（所得税も同様）

改正前

(3)中小企業

全雇用者給与等支給額（前年度比）	税額控除率	教育訓練費（前年度比）＋10%	最大控除率
＋1.5%	15%		25%
＋2.5%	30%	＋10%	40%

改正後

(3)中小企業(注3)

全雇用者(注5)給与等支給額（前年度比）	税額控除率(注6)	教育訓練費(注7)（前年度比）	税額控除率	子育て支援・女性活躍	税額控除率	最大控除率
＋1.5%	15%	＋5%	10%上乗せ	くるみん(注9)orえるぼし2段階以上(注10)	5%上乗せ	30%
＋2.5%	30%					45%

※中小企業は、賃上げを実施した年度に控除しきれなかった金額を5年間繰越しできる(注8)

(注1)「資本金の額等10億円以上かつ従業員数1000人以上」または「従業員数2000人超」のいずれかに当てはまる企業は、マルチステークホルダー方針（賃上げ、教育訓練等の実施、取引先との適切な関係の構築等の方針が記載したもの）の公表およびその旨の届出を行うことが必要。それ以外の企業は不要。

(注2)従業員数2000人以下の企業（その法人およびその法人との間にその法人による支配関係がある法人の従業員数の合計が1万人を超えるものを除く）が適用できる。ただし、資本金の額等10億円以上かつ従業員数1000人以上の企業はマルチステークホルダー方針の公表およびその旨の届出を行うことが必要。

(注3)中小企業者等（資本金の額等1億円以下の法人、農業協同組合等）または従業員数1000人以下の個人事業主が適用される。

(注4)継続雇用者とは、適用事業年度および前事業年度の全月分の給与等の支給を受けた国内雇用者（雇用保険の一般被保険者に限る。）

(注5)全雇用者とは、雇用保険の一般被保険者に限られない全ての国内雇用者。

(注6)税額控除額の計算は、全雇用者の前事業年度から適用事業年度の給与等支給増加額に税額控除率を乗じて計算。ただし、控除上限額は法人税額等の20%。

(注7)教育訓練費の上乗せ要件は、適用事業年度の教育訓練費の額が適用事業年度の全雇用者に対する給与等支給額の0.05%以上である場合に限り、適用できる。

(注8)繰越税額控除をする事業年度において、全雇用者の給与等支給額が前事業年度より増加している場合に限り適用できる。

(注9)次世代育成支援対策推進法に基づき、一般事業主行動計画を策定した企業のうち、計画に定めた目標を達成し、一定の基準を満たした企業は、申請を行うことによって「子育てサポート企業」として、厚生労働大臣の認定（くるみん認定）を受けることができる。

(注10)女性活躍推進法に基づき、一般事業主行動計画の策定・届出等を行った事業主のうち、女性の活躍推進に関する取り組みの実施状況が優良である等の一定の要件を満たした事業主は、申請により厚生労働大臣の認定（えるぼし認定）を受けることができる。

改正前　(4)適用期限：2024年3月31日までに開始する事業年度。

改正後　(4)適用期限：2024年4月1日から2027年3月31日までに開始する事業年度。

適用時期：2024年4月1日から2027年3月31日までに開始する事業年度

2　法人税・所得税

項目：特定税額控除規定の不適用措置の延長等（所得税も同様）

改正前

収益が拡大しているにもかかわらず、賃上げや国内設備投資に消極的な大企業（下記①から③の全てを満たす大企業）について、特定税額控除(注)の規定を適用しないこととする。

①所得金額：対前年度比で増加
②継続雇用者の給与等支給額
●大企業（下記以外）：対前年度以下
●大企業（資本金の額等が10億円以上、かつ、常時使用従業員数が1000人以上で、前年度が黒字の場合）：対前年度増加率1%未満

改正後

次の見直しを行った上、適用期限を3年（2027年3月31日まで）延長する。

①所得金額：対前年度比で増加（改正なし）
②継続雇用者の給与等支給額
●大企業（下記以外）：対前年度以下（改正なし）
●大企業（資本金の額等が10億円以上、かつ、常時使用従業員数が1000人以上で、前年度が黒字の場合）：対前年度増加率1%未満（改正なし）
●大企業（常時使用従業員数が2000人以上で、前年度が黒字の場合）：対前年度増加率1%未満

適用時期：2024年4月1日から2027年3月31日までに開始する事業年度

	税目	項目	改正前	改正後	適用時期
2	法人税・所得税	特定税額控除規定の不適用措置の延長等（所得税も同様）	③国内設備投資額 当期の減価償却費の30%以下 （注）特定税額控除 　　研究開発税制、地域未来投資促進税制、5G導入促進税制、DX投資促進税制、カーボンニュートラル投資促進税制 　　適用期限：2024年3月31日までに開始する事業年度。	③国内設備投資額 ● 当期の減価償却費の30%以下（改正なし） ● 大企業（資本金の額等が10億円以上かつ、常時使用従業員数が1000人以上または常時使用従業員数が2000人以上で、前年度が黒字の場合）：当期の減価償却費の40%以下 適用期限：2024年4月1日から2027年3月31日までに開始する事業年度。	2024年4月1日から2027年3月31日までに開始する事業年度
3	法人税	戦略分野国内生産促進税制の創設	新設	産業競争力基盤強化商品（仮称）※を対象として生産・販売量に応じた減税を行う措置を創設する。 ※産業競争力基盤強化商品（仮称）とは、半導体、電動車、鉄鋼（グリーンスチール）、基礎化学品（グリーンケミカル）、航空機燃料（SAF）をいう (1)適用対象者および要件 ①青色申告書を提出する法人 ②産業競争力強化法の一定の要件を満たす認定事業適応事業者 ③産業競争力基盤強化商品生産用資産（仮称）の取得等をし、国内にある事業の用に供すること (2)対象期間 産業競争力強化法の事業適応計画の認定※の日以後10年以内の日を含む各事業年度 ※産業競争力強化法の改正法の施行日から2027年3月31日までの間に産業競争力強化法の事業適応計画の認定を受ける必要がある。 (3)税額控除額 ①と②のうちいずれか少ない金額 ①産業競争力基盤強化商品生産用資産（仮称）により生産された産業競争力基盤強化商品（仮称）のうちその事業年度の対象期間において販売されたものの数量等に応じた金額 ②産業競争力基盤強化商品生産用資産（仮称）の取得価額を基礎とした金額（既に本制度の税額控除の対象となった金額を除く） (注1) デジタルトランスフォーメーション投資促進税制の控除税額およびカーボンニュートラルに向けた投資促進税制の税額控除との合計で当期の法人税額の40%（半導体生産用資産にあっては20%）を上限とし、控除限度超過額は4年間（半導体生産用資産にあっては3年間）の繰越しができる。 (注2) 次のイからハの要件全てに該当する場合、当該年度について税額控除を適用しない（繰越控除を除く）。 　イ　所得金額：対前年度比増加 　ロ　継続雇用者給与等支給総額：対前年度増加率1%未満 　ハ　国内設備投資額：当期の減価償却費の40%以下	産業競争力強化法の事業適応計画の認定の日以後10年以内の日を含む各事業年度
4		イノベーションボックス税制の創設	新設	国内で自ら研究開発した知的財産権から生じる所得に対して優遇する税制を創設する。 (1)適用対象者および要件 ①青色申告書を提出する法人 ②2025年4月1日から2032年3月31日までの間に開始する各事業年度において特許権譲渡等取引を行うこと (2)損金算入額 次の①と②のうちいずれか少ない金額の30%に相当する金額を損金算入することができる。 ①対象所得：特許権譲渡等取引ごとに、次の算式で計算した金額を合計した金額	2025年4月1日から2032年3月31日までの間に開始する各事業年度

	税目	項目	改正前	改正後	適用時期
4	法人税	イノベーションボックス税制の創設		(イ) 特許権譲渡等取引に係る所得の金額 × $\dfrac{(ハ)(ロ)の金額に含まれる適格研究開発費の額の合計額}{(ロ)当期および前期以前（2025年4月1日以後に開始する事業年度に限る）のその特許権譲渡等取引に係る特定特許権等に直接関連する特許権開発に係る金額の合計額}$ ②当期の所得金額	2025年4月1日から2032年3月31日までの間に開始する各事業年度
5	法人税・所得税	研究開発税制の税額控除制度の見直し（所得税も同様）	〈研究開発税制の概要〉 (1)対象となる試験研究費 ①製品の製造または技術の改良、考案もしくは発明に係る試験研究のために要する費用で一定のもの ②新サービス研究として行われる場合のその試験研究のために要する一定の費用 (2)税額控除 　税額控除額＝①総額型（一般試験研究費）※＋②オープンイノベーション型 ※総額型（一般試験研究費） 　税額控除率：試験研究費の増減に応じ1～14％（中小法人12～17％）	(1)対象となる試験研究費 　試験研究費の額から、内国法人の国外事業所等を通じて行う事業に係る試験研究費の額を除外する。 (2)税額控除 　一般試験研究費の額に係る税額控除制度について、2026年4月1日以後に開始する事業年度で増減試験研究費割合がゼロに満たない事業年度につき、税額控除率を次のとおり見直す（段階的に進減させる）とともに、税額控除率の下限（現行1％）を撤廃する。 　イ　2026年4月1日から2029年3月31日までの間に開始する事業年度 　　8.5％＋増減試験研究費割合×30分の8.5 　ロ　2029年4月1日から2031年3月31日までの間に開始する事業年度 　　8.5％＋増減試験研究費割合×27.5分の8.5 　ハ　2031年4月1日以後に開始する事業年度 　　8.5％＋増減試験研究費割合×25分の8.5	―
6	法人税・所得税	第三者保有の暗号資産の期末時価評価課税に係る見直し	内国法人が有する暗号資産（一定の自己発行の暗号資産を除く）のうち活発な市場が存在するものについては期末に時価評価し、評価損益は課税の対象とされている。	法人が有する暗号資産で、次の要件を満たす暗号資産は、期末時価評価課税の対象外（原価法と時価法の選択）とする。 ①他の者に移転できないようにする技術的措置がとられていること等その暗号資産の譲渡についての一定の制限が付されていること。 ②上記①の制限が付されていることを認定資金決済事業者協会において公表させるため、その暗号資産を有する者等が上記①の制限が付されている旨の暗号資産交換業者に対する通知等をしていること。	―
7	法人税	オープンイノベーション促進税制の延長	事業会社が、2020年4月1日から2024年3月31日までの間に、①一定のベンチャー企業の株式を出資の払込みにより取得または②M&Aによる発行済株式を取得（②は2023年4月1日以後）した場合は、その株式の取得価額の25％相当額の所得控除を認める。	適用期限を2年（2026年3月31日まで）延長する。	2026年3月31日までの株式の取得
8		中小企業事業再編投資損失準備金制度の延長等	(1)M&A実施時 　M&Aに関する経営力向上計画の認定を受けた中小企業が、株式譲渡によるM&Aを行う場合に、株式等の取得価額の70％以下の金額を中小企業事業再編投資損失準備金として積立てたときは、当該積立金額を損金算入可能とする。 (2)据置期間（5年間）後 　据置期間後の5年間にかけて均等等で準備金を取り崩し、当該取崩金額を益金算入する。 (3)計画の認定期限 　2024年3月31日までに事業承継等事前調査に関する事項が記載され中小企業等経営強化法に基づく経営力向上計画の認定を受けたもの。	中堅・中小企業が、複数の中小企業を子会社化し、グループ一体となって成長していくことを後押するため、複数回のM&Aを実施する場合には、積立率を現行制度の70％から、2回目には90％、3回目以降は100％に拡充し、据置期間を現行制度の5年から10年に延長する措置を加える。 　この措置は、産業競争力強化法の改正法の施行日から2027年3月31日までの間に産業競争力強化法の特別事業再編計画（仮称）の認定を受ける必要がある。 　現行制度の計画の認定期限を3年（2027年3月31日まで）延長する。	2027年3月31日までの計画認定

	税目	項目	改正前	改正後	適用時期
9	法人税	交際費等の損金不算入制度の延長等	(1)交際費等の範囲から除外 　１人当たり5000円以下の飲食費（社内飲食費を除く）で一定の要件を満たすもの。 (2)中小法人 　次の①と②のいずれかの選択適用 　①交際費等の額のうち、800万円以下を全額損金算入 　②交際費等の額のうち、接待飲食費の50％を損金算入^(注) (3)中小法人以外 　①交際費等の額のうち、接待飲食費の50％を損金算入^(注) 　②その他の交際費等は全額損金不算入 　(注)　接待飲食費に係る損金算入の特例は、資本金の額等が100億円超の法人を除外する。 (4)適用期限：上記(2)と(3)は2024年３月31日までに開始する事業年度。	(1)交際費等の範囲から除外 　１人当たり10000円以下の飲食費（社内飲食費を除く）で一定の要件を満たすもの。 左記(2)と(3)の適用期限を３年（2027年３月31日まで）延長する。	(1)は2024年４月１日以後に支出する飲食費から (2)(3)は2027年３月31日までに開始する事業年度
10	法人事業税	外形標準課税の見直し	〈外形標準課税の概要〉 (1)対象法人 　資本の金額または出資金額が１億円を超える法人（公共法人等、特別法人、人格のない社団等、みなし課税法人、投資法人、特定目的会社、一般社団法人および一般財団法人を除く）。 (2)課税標準 　対象法人に対し、所得割、付加価値割および資本割の合算額に対し法人事業税を課する。それぞれの課税標準は次のとおり。 　イ　所得割：各事業年度の所得 　ロ　付加価値割：各事業年度の収益配分額[※]±単年度損益 　　※収益配分額＝報酬給与額＋純支払利子＋純支払賃借料 　ハ　資本割：各事業年度終了の日における資本等の額	(1)減資への対応 　①外形標準課税の対象法人について、改正前の基準（資本金１億円超）を維持する。 　②ただし、当分の間、前事業年度に外形標準課税の対象であった法人であって、当該事業年度に資本金１億円以下で、資本金と資本剰余金の合計額が10億円を超えるものは、外形標準課税の対象とする。 　③公布日前に外形標準課税の対象であった法人が、「駆け込み」で施行日以後最初に開始する事業年度の前事業年度の末日までの間に資本金１億円以下となった場合であって、施行日以後最初に開始する事業年度の末日に資本金と資本剰余金の合計額が10億円を超える場合は、外形標準課税の対象とする等の所要の措置を講ずる。 　④2025年４月１日に施行し、同日以後に開始する事業年度から適用する。 (2)100％子会社等への対応 　①資本金と資本剰余金の合計額が50億円を超える法人^(注1)または相互会社・外国相互会社（以下「特定法人」という）の100％子法人等^(注2)のうち、当該事業年度末日の資本金が１億円以下で、資本金と資本剰余金（公布日以後に、当該100％子法人等がその100％親法人等に対して資本剰余金から配当を行った場合は、当該配当に相当する額を加算した金額）の合計額が２億円を超えるものは、外形標準課税の対象とする。 　(注1)　当該法人が非課税または所得割のみで課税される法人等である場合を除く。 　(注2) 　●特定法人との間に当該特定法人による法人税法に規定する完全支配関係がある法人 　●100％グループ内の複数の特定法人に発行済株式等の全部を保有されている法人 　②産業競争力強化法の改正法の特別事業再編計画（仮称）に基づいて行われるM&Aにより100％子会社となった法人（当該計画の認定を受けた者が当該計画の認定を受ける前５年以内に買収した法人を含む）について、５年間、外形標準課税の対象外とする特例措置を設ける。 　③上記改正により、新たに外形標準課税の対象となる法人について、外形標準課税の対象と	(1)は2025年４月１日に施行し、同日以後に開始する事業年度から適用

	税目	項目	改正前	改正後	適用時期
10	法人事業税	外形標準課税の見直し		なったことにより、改正前の課税方式で計算した税額を超えることとなる額を、次のとおり、軽減する措置を講ずる。 ●2026年4月1日から2027年3月31日までの間に開始する事業年度：当該超える額の3分の2を軽減 ●2027年4月1日から2028年3月31日までの間に開始する事業年度：当該超える額の3分の1を軽減 ④2026年4月1日に施行し、同日以後に開始する事業年度から適用する。	(2)は2026年4月1日に施行し、同日以後に開始する事業年度から適用
11	法人税	中小企業者等以外の法人の欠損金の繰戻しによる還付の不適用措置の延長	中小企業者等以外の法人の欠損金の繰戻しによる還付は、解散等の事実が生じている場合を除き、原則として不適用とする。 (注) 対象から銀行等保有株式取得機構の欠損金額を除外する。 適用期限：2024年3月31日までに終了する事業年度。	適用期限を2年（2026年3月31日まで）延長する。	2026年3月31日までに終了する事業年度
12	法人税・所得税	少額減価償却資産の取得価額の損金算入制度の延長等（所得税も同様）	下表の適用が受けられる資産から貸付け（主要な事業として行われるものを除く）の用に供した資産を除く。 （表） ①中小企業者等(注1) 取得価額30万円未満(注2) 償却方法 全額損金算入 適用期限 2024年3月31日までに取得した資産 ②全ての企業 20万円未満 3年で均等償却 — ③ 10万円未満 全額損金算入 — (注1) 常時使用する従業員の数が500人以下の企業者に限られる。 (注2) 年間合計額300万円に達するまで。	左記の表①の措置について、電子申告義務化対象法人（資本金の額等が1億円超の法人）のうち、常時使用する従業員の数が300人を超えるものを除外した上、その適用期限を2年（2026年3月31日まで）延長する。 所得税は適用期限のみ2年（2026年3月31日まで）延長する。	取得価額30万円未満の全額損金算入制度は2026年3月31日までに取得した資産

消費課税

	税目	項目	改正前	改正後	適用時期
1	消費税	プラットフォーム課税の導入	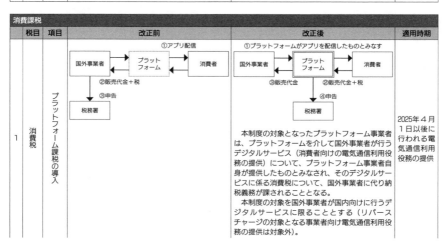①アプリ配信 国外事業者→プラットフォーム→消費者 ②販売代金＋税 ③申告 税務署	①プラットフォームがアプリを配信したものとみなす 国外事業者→プラットフォーム→消費者 ③販売代金 ②販売代金＋税 ④申告 税務署 本制度の対象となったプラットフォーム事業者は、プラットフォームを介して国外事業者が行うデジタルサービス（消費者向けの電気通信利用役務の提供）について、プラットフォーム事業者自身が提供したものとみなされ、そのデジタルサービスに係る消費税について、国外事業者に代り納税義務が課されることとなる。 本制度の対象を国外事業者が国内向けに行うデジタルサービスに限ることとする（リバースチャージの対象となる事業者向け電気通信利用役務の提供は対象外）。	2025年4月1日以後に行われる電気通信利用役務の提供

	税目	項目	改正前	改正後	適用時期
1		プラットフォーム課税の導入		国外事業者が自身のプラットフォームを介して行うデジタルサービスの取引高が50億円を超えるプラットフォーム事業者を対象とする。	2024年10月1日以後に開始する課税期間
2	消費税	事業者免税点制度の特例等国外事業者に係る見直し等	**(1)事業者免税点制度の特例** 特例の対象（課税事業者）となる場合 特定期間の特例：特定期間における国内の課税売上高が1000万円超、かつ、給与（居住者分）の合計額が1000万円超の場合 新設法人の特例：資本金等が1000万円以上の法人である場合（基準期間がない課税期間が対象） 特定新規設立法人の特例：国内の課税売上高が5億円超の法人等が設立した資本金等1000万円未満の法人である場合（基準期間がない課税期間が対象） **(2)簡易課税制度** 恒久的施設を有しない国外事業者であっても簡易課税制度を適用できる。	**(1)事業者免税点制度の特例** 特例の対象（課税事業者）となる場合 特定期間の特例：国外事業者については、給与（居住者分）の合計額による判定を除外する 新設法人の特例：外国法人は基準期間を有する場合であっても、国内における事業の開始時の資本金等により本特例の判定をする 特定新規設立法人の特例：全世界における収入金額が50億円超の法人等が資本金等1000万円未満の法人を設立した場合も対象に加える **(2)簡易課税制度** 恒久的施設を有しない国外事業者については、簡易課税制度の適用を認めないこととする。 適格請求書発行事業者となる小規模事業者に対する負担軽減措置（いわゆる2割特例）の適用についても同様とする。	2024年10月1日以後に開始する課税期間
3		高額特定資産を取得した場合等の納税義務の免除の特例の見直し	高額特定資産^(注)を取得して仕入税額控除の適用を受けた場合は、その後の2年間、事業者免税点制度および簡易課税制度の適用を受けられないこととする特例が設けられている。 （注）1の取引単位につきその税抜対価の額が1000万円以上の棚卸資産または調整対象固定資産（建物およびその付属設備、構築物、機械および装置、船舶、航空機、車両および運搬具、工具、器具および備品、鉱業権その他の資産）をいう。	対象となる高額特定資産にその課税期間中に取得した金または白金の地金等の合計額が200万円以上である場合を加える。	2024年4月1日以後に国内において事業者が行う課税仕入れ等
4		外国人旅行者向け免税制度に係る仕入税額控除制度の見直し	免税購入された物品と知りながら行った課税仕入れであっても、仕入税額控除制度の適用が可能となっている。	免税購入された物品と知りながら行った課税仕入れについては、仕入税額控除制度の適用を認めないこととする。	2024年4月1日以後に国内において事業者が行う課税仕入れ
5		適格請求書発行事業者以外の者からの仕入れに係る経過措置の見直し	インボイス制度導入後6年間、適格請求書発行事業者以外の者からの課税仕入れについて、一定割合の仕入税額控除を認める。 ①2023年10月1日から2026年9月30日まで：8割控除 ②2026年10月1日から2029年9月30日まで：5割控除	一の適格請求書発行事業者以外の者からの課税仕入れの合計額が、1年間で10億円を超える場合には、その超えた部分の課税仕入れについて、インボイス制度導入に伴う8割控除・5割控除の経過措置の適用を認めないこととする。	2024年10月1日以後に開始する課税期間
6		消費税に係る帳簿の記載事項の見直し等	**(1)仕入税額控除に係る帳簿の記載事項** 一定の取引については帳簿に①課税仕入れの相手方の住所・所在地と②特例対象である旨の記載をすることで、請求書等の保存がなくても仕入税額控除を可能とする特例が設けられている。	**(1)仕入税額控除に係る帳簿の記載事項** 本特例の対象となる自動販売機および自動サービス機による課税仕入れならびに使用の際に証票が回収される課税仕入れ（3万円未満のものに限る）については、①の住所・所在地の記載を不要とする。 なお、2023年10月1日以後に行われる上記の課	2023年10月1日以後に行う課税仕入れ

	税目	項目	改正前	改正後	適用時期
6	消費税	消費税に係る帳簿の記載事項の見直し等	(2)簡易課税適用者が税抜経理方式を採用する場合における経理処理方法　免税事業者等からの適格請求書発行事業者以外の者からの仕入については、原則、仮払消費税等は生じない。	税仕入れに係る帳簿への住所等の記載については、運用上、記載がなくとも改めて求めないものとする。 (2)簡易課税適用者が税抜経理方式を採用する場合における経理処理方法　簡易課税制度を適用する事業者が、税抜経理方式を適用した場合の仮払消費税等として計上する金額につき、継続適用を条件として支払い対価の額に110分の10（108分の8）を乗じた金額とすることが認められることを明確化するほか、消費税に係る経理処理方法について所要の見直しを行う。　適格請求書発行事業者となる小規模事業者に対する負担軽減措置（いわゆる2割特例）の適用についても同様とする。	2023年10月1日以後に行う課税仕入れ

国際課税

	税目	項目	改正前	改正後	適用時期
1	法人税	グローバル・ミニマム課税の見直し	年間連結総収入金額が7.5億ユーロ（約1200億円）以上の多国籍企業が対象。一定の適用除外を除く所得について各国ごとに最低税率15%以上の課税を確保する仕組み。　2024年4月1日以後に開始する対象会計年度から適用する。 (1)所得合算ルール（IIR）　子会社等の税負担が最低税率15%に至るまで親会社に追加課税。	(1)所得合算ルール（IIR）　OECDによるガイダンスや国際的な議論等を踏まえた制度の明確化等の観点から所要の見直しを行う。 (2)軽課税所得ルール（UTPR）　親会社等の税負担が最低税率15%に至るまで子会社等に追加課税。 (3)国内ミニマム課税（QDMTT）　自国に所在する企業の税負担が最低税率15%に至るまで自国企業に追加課税。日本でQDMTTが課税された場合、他国IIR・UTPRによる追加課税は行われない。	(1)は記載なし (2)(3)は2025年度税制改正以降の法制化を検討

納税環境整備

	税目	項目	改正前	改正後	適用時期
1	国税通則法	請求書を提出した場合の重加算税制度の整備　隠蔽・仮装された事実に基づき更正の	隠蔽・仮装に基づき納税申告書を提出したとき等は、重加算税（35%または40%）を賦課することができる。　他方、申告後に隠蔽・仮装したところに基づき更正の請求書を提出した場合は、重加算税を賦課することができない（過少申告加算税（原則10%）または無申告加算税（原則15%）が賦課される）。	重加算税の適用対象に隠蔽・仮装したところに基づき更正の請求書を提出した場合を加える。　上記の隠蔽・仮装したところに基づき更正の請求書を提出した場合について、延滞税の除算期間が適用されないことを明確化する運用上の対応を行う。	2025年1月1日以後に法定申告期限等が到来する国税

検討事項

	税目	項目	改正前	改正後	適用時期
1	所得税	子育て世帯に対する生命保険料控除の拡充	2012年1月1日以後に締結した契約について、所得税は2012年分から、個人住民税は2013年度分から適用する。 **控除限度額** 一般生命保険料控除：所得税4万円／個人住民税2万8000円 介護医療保険料控除：所得税4万円／個人住民税2万8000円 個人年金保険料控除：所得税4万円／個人住民税2万8000円 合計：所得税12万円／個人住民税7万円	(1)所得税 **控除限度額** 一般生命保険料控除：23歳未満の扶養親族あり：6万円／23歳未満の扶養親族なし：4万円 介護医療保険料控除：4万円 個人年金保険料控除：4万円 合計：12万円 ※一時払生命保険については、生命保険料控除の適用対象から除外する。 (2)個人住民税 記載なし	2025年度税制改正で結論を得る
2	所得税・個人住民税	扶養控除の縮小	**扶養親族の種類／所得税／個人住民税** 一般扶養親族 16歳未満：控除なし／控除なし 16～18歳：38万円／33万円 特定扶養親族 19～22歳：63万円／45万円 一般扶養親族 23～69歳：38万円／33万円 老人扶養親族 70歳以上 同居老親以外：48万円／38万円 同居老親：58万円／45万円	**扶養親族の種類／所得税／個人住民税** 一般扶養親族 16歳未満：控除なし／控除なし 16～18歳：25万円／12万円 特定扶養親族 19～22歳：63万円／45万円 一般扶養親族 23～69歳：38万円／33万円 老人扶養親族 70歳以上 同居老親以外：48万円／38万円 同居老親：58万円／45万円	2025年度税制改正で結論を得る 所得税2026年分以降 個人住民税2027年度分以降
3	所得税・個人住民税	ひとり親控除の拡充	(1)適用要件 ①生計を一にする子（総所得金額等の合計額が48万円以下に限る）を有すること ②合計所得金額500万円以下であること ③住民票の続柄に「夫（未届）」「妻（未届）」の記載がされた者でないこと (2)控除額 所得税 35万円 個人住民税 30万円	(1)適用要件 合計所得金額要件を1000万円以下に引き上げる。 (2)控除額 所得税 38万円 個人住民税 33万円	
4	法人税・所得税・たばこ税	防衛力強化に係る財源確保のための税制措置	〈2023年度税制改正大綱〉 わが国の防衛力の抜本的な強化を行うに当たり、歳出・歳入両面から安定的な財源を確保する。税制部分については、2027年度に向けて複数年かけて段階的に実施することとし、2027年度において、1兆円強を確保する。具体的には、法人税、所得税およびたばこ税について、以下の措置を講ずる。 (1)法人税 法人税額に対し税率4～4.5％の新たな付加税を課す。中小法人は課税標準となる法人税額から500万円を控除することとする。 (2)所得税 所得税額に対し、当分の間、税率1％の新たな付加税を課す。復興特別所得税の税率を1％引き下げる（従って、1.1％となる）とともに、課税期間を延長する。 (3)たばこ税 3円／1本相当の引上げを段階的に実施する。 (4)実施時期 2024年以降の適切な時期とする。	たばこ税については、加熱式たばこと紙巻たばことの間で税負担の不公平が生じている。同種・同等のものには同様の負担を求める消費課税の基本的考え方に沿って税負担差を解消することとし、この課税の適正化による増収を防衛財源に活用する。その上で、国税のたばこ税率を引き上げることとし、課税の適正化による増収と合わせ、3円／1本相当の財源を確保することとする。 2023年度税制改正大綱および上記の基本的方向性により検討を加え、その結果に基づいて適当な時期に必要な法制上の措置を講ずる趣旨を2024年度の税制改正に関する法律の付則において明らかにするものとする。	2024年度税制改正に関する法律の付則で明らかにする

（資料２）2024年度速算表

●所得税の速算表

課税総所得金額		税率	控除額
万円超	万円以下	％	万円
〜	195	5	－
195 〜	330	10	9.75
330 〜	695	20	42.75
695 〜	900	23	63.6
900 〜	1,800	33	153.6
1,800 〜	4,000	40	279.6
4,000 〜		45	479.6

●住民税の速算表

課税総所得金額	税率	控除額
一律	10％	－

●公的年金等控除額

		公的年金等に係る雑所得以外の所得に係る合計所得金額		
		1,000万円以下	1,000万円超 2,000万円以下	2,000万円超
公的年金等の収入金額	130（330）万円以下	60（110）万円	50（100）万円	40（90）万円
	130（330）万円超 410万円以下	公的年金等の収入金額×25％＋27.5万円	公的年金等の収入金額×25％＋17.5万円	公的年金等の収入金額×25％＋7.5万円
	410万円超 770万円以下	公的年金等の収入金額×15％＋68.5万円	公的年金等の収入金額×15％＋58.5万円	公的年金等の収入金額×15％＋48.5万円
	770万円超 1,000万円以下	公的年金等の収入金額×5％＋145.5万円	公的年金等の収入金額×5％＋135.5万円	公的年金等の収入金額×5％＋125.5万円
	1,000万円超	195.5万円	185.5万円	175.5万円

※カッコ内は65歳以上の者の場合に適用。

●給与所得控除額

給与収入金額		給与所得控除額
万円超	万円以下	
〜	180	収入金額×40％－10万円（55万円に満たないときは55万円）
180 〜	360	収入金額×30％＋8万円
360 〜	660	収入金額×20％＋44万円
660 〜	850	収入金額×10％＋110万円
850 〜		195万円

●相続税の速算表

法定相続分に応ずる取得金額		税率	控除額
	1,000万円以下	10%	－
1,000万円超	3,000万円以下	15%	50万円
3,000万円超	5,000万円以下	20%	200万円
5,000万円超	1億円以下	30%	700万円
1億円超	2億円以下	40%	1,700万円
2億円超	3億円以下	45%	2,700万円
3億円超	6億円以下	50%	4,200万円
6億円超		55%	7,200万円

●贈与税の速算表

基礎控除後の課税価格		特例贈与財産		一般贈与財産	
		税率	控除額	税率	控除額
	200万円以下	10%	－	10%	－
200万円超	300万円以下	15%	10万円	15%	10万円
300万円超	400万円以下	15%	10万円	20%	25万円
400万円超	600万円以下	20%	30万円	30%	65万円
600万円超	1,000万円以下	30%	90万円	40%	125万円
1,000万円超	1,500万円以下	40%	190万円	45%	175万円
1,500万円超	3,000万円以下	45%	265万円	50%	250万円
3,000万円超	4,500万円以下	50%	415万円	55%	400万円
4,500万円超		55%	640万円	55%	400万円

●普通法人における法人税の税率表

	課税所得金額の区分	税率
資本金または出資金1億円超の法人および一定の法人	所得金額	23.2%
その他の法人	年800万円以下の所得金額からなる部分の金額	15%
	年800万円超の所得金額からなる部分の金額	23.2%

2024年度 金融業務能力検定

等級	試験種目		受験予約 開始日	配信開始日 （通年実施）	受験手数料 （税込）
IV	金融業務4級 実務コース		受付中	配信中	4,400 円
III	金融業務3級 預金コース		受付中	配信中	5,500 円
	金融業務3級 融資コース		受付中	配信中	5,500 円
	金融業務3級 法務コース		受付中	配信中	5,500 円
	金融業務3級 財務コース		受付中	配信中	5,500 円
	金融業務3級 税務コース		受付中	配信中	5,500 円
	金融業務3級 事業性評価コース		受付中	配信中	5,500 円
	金融業務3級 事業承継・M＆Aコース		受付中	配信中	5,500 円
	金融業務3級 リース取引コース		受付中	配信中	5,500 円
	金融業務3級 DX（デジタルトランスフォーメーション）コース		受付中	配信中	5,500 円
	金融業務3級 シニアライフ・相続コース		受付中	配信中	5,500 円
	金融業務3級 個人型DC（iDeCo）コース		受付中	配信中	5,500 円
	金融業務3級 シニア対応銀行実務コース		受付中	配信中	5,500 円
	金融業務3級 顧客本位の業務運営コース		受付中	配信中	5,500 円
II	金融業務2級 預金コース		受付中	配信中	7,700 円
	金融業務2級 融資コース		受付中	配信中	7,700 円
	金融業務2級 法務コース		受付中	配信中	7,700 円
	金融業務2級 財務コース		受付中	配信中	7,700 円
	金融業務2級 税務コース		受付中	配信中	7,700 円
	金融業務2級 事業再生コース		受付中	配信中	11,000 円
	金融業務2級 事業承継・M＆Aコース		受付中	配信中	7,700 円
	金融業務2級 資産承継コース		受付中	配信中	7,700 円
	金融業務2級 ポートフォリオ・コンサルティングコース		受付中	配信中	7,700 円
	DCプランナー2級		受付中	配信中	7,700 円
I	DCプランナー1級（※）	A分野（年金・退職給付制度等）	受付中	配信中	5,500 円
		B分野（確定拠出年金制度）	受付中	配信中	5,500 円
		C分野（老後資産形成マネジメント）	受付中	配信中	5,500 円
－	コンプライアンス・オフィサー・銀行コース		受付中	配信中	5,500 円
	コンプライアンス・オフィサー・生命保険コース		受付中	配信中	5,500 円
	個人情報保護オフィサー・銀行コース		受付中	配信中	5,500 円
	個人情報保護オフィサー・生命保険コース		受付中	配信中	5,500 円
	マイナンバー保護オフィサー		受付中	配信中	5,500 円
	AML／CFTスタンダードコース		受付中	配信中	5,500 円

※ DCプランナー1級は、A分野・B分野・C分野の3つの試験すべてに合格した時点で、DCプランナー1級の合格者となります。

2024年度　サステナビリティ検定

等級	試験種目	受験予約 開始日	配信開始日 （通年実施）	受験手数料 （税込）
−	SDGs・ESGベーシック	受付中	配信中	4,400 円
−	サステナビリティ・オフィサー	受付中	配信中	6,050 円

2024年度版
金融業務3級　税務コース試験問題集

2024年6月6日　第1刷発行

　　　　　　　編　者　一般社団法人　金融財政事情研究会
　　　　　　　　　　　　　　　　　　検定センター
　　　　　発行者　　　　　　　　　　　加藤　一浩

〒160-8519　東京都新宿区南元町19
発　行　所　一般社団法人　金融財政事情研究会
販　売　受　付　TEL 03(3358)2891　FAX 03(3358)0037
　　　　　　　　URL https://www.kinzai.jp

本書の内容に関するお問合せは、書籍名およびご連絡先を明記のうえ、FAXでお願いいたします。　お問合せ先　FAX 03(3359)3343
本書に訂正等がある場合には、下記ウェブサイトに掲載いたします。
https://www.kinzai.jp/seigo/

ISBN978-4-322-14523-6